命の恋文

魂しとの旅

岩崎照皇
IWASAKI SYOO

幻冬舎MC

命の恋文

——魂しいの旅

まえがき

あれからもう何年経っただろうか。

耳が聞こえない奇病になって、全国の霊場を訪ね歩いていた時のことである。三重県の松阪の海辺で一服していた時に、右の耳に昔聞いたことのあるモールス信号のような音が入ってきた。

それにしては音がピーとか、チンとか、不規則なので〝耳鳴り〟だろうと思っていたが、一向に鳴り止む様子が無い。そこで、この音に問いかけたのが始まりで、次元を超えて交信をすることができるようになった。

それは、次元の向こう側と自在に出入りができ、生きたまま次元の向こうの霊達と自由に話ができる〝次元の通訳者〟の始まりでもあった。そんなことから、この度のような聖人達の声を、紙面を通して皆さまにお伝えする役目となった訳である。

現実には今も右の耳が全く聞こえないので、日常生活はとても不便を感じている。そこで、右の耳に入ってきた「音」を、自分なりに「天信音《てんしんおん》」と名付けて呼んでいる。

後に友人となったマハリシ（霊能者）も、同じ音を聞いていることが解り、世界の霊能者達とも交友となり、同じ音の不思議さが自分達の使命として自覚することになったのである。

この度の『命の恋文』も、通訳者としての使命でお贈りいたしますので、人生に大いに役立ててください。

目次

1

七十坂の禁

達磨大師

背筋を伸ばさないと消化不良が起こる。
自律神経の平均がとれなくなる。

よく噛んで食べているか。
楽しい食事になっているか。
会話のある食事になっているか。

一日をどれだけ笑顔で過ごしたか。
今日一日 人との会話が何回あったか。

人を好きになったか。
自分を好きになったか。

ケチな心は命の敵だ。
やる気を欠いたら命も欠ける。

ゆっくり話ができているか。
ゆっくり話せば血液もゆったりと流れ、末端まで届く。
早口は命を縮めている。

元気で七十の声を聞け。

解説

七十坂の禁

達磨大師

「七十坂は厳しい」

とは、世間でよく聞く言葉です。

確かに世の中を見まわしてみると、六十代の終りから七十代の初めにかけての人たちの中には、「どこどこが痛い」とか「物忘れがひどくなった」とか、何がしかの健康上の問題をかかえている人が少なくありません。

ところが、そこを抜け出すと何事もなかったように、再び人生を元気よく歩みはじめ、はては長々と生き、その経験から人々を指導したり、道を開く大役を果している人々も、これまた多くいるのも事実です。

とはいえ、「七十坂」は人生一つの大きな節目であることは間違いないようです。

では何が、この坂を、この重荷をクリアにしてくれたのでしょうか。

人それぞれに違った見方があるかもしれませんが、大筋を見ていると達磨大師が七十坂を越えるために示してくれた尊い言葉が背筋を走るようです。ピーンと張っていて、いつもとても元気です。

そして、腹まわりは健康で生きている様子がよくうかがわれます。食べた命の素を十分に使いこなしているのでしょう。消化不良の話を聞いたことがありません。自律神経がぶれていないのでしょう。人への伝達力もしっかりとしています。

有名な落語家であった桂小金次さんは、「私は食事の際は百回噛んでいます」と胸を張っていました。一緒に食事をしていても、とても七十を越えた人とは思えないほど、楽しく、また笑顔を絶やすことはありませんでした。そして、人と会うのが好きで、会話を命のように大切にしていました。

朝の散歩も欠かさず毎日の日課としていましたし、自分をとても大切にしておられたからでしょうか、ケチな心は微塵も出さず、「私は若い人には負けない」が口癖のようでした。

しゃべることが職業である師匠なのに、口調は常々「ゆっくり」を心がけ、人が早口で話していると「もっとゆっくり……」と声をかけるほどでした。

師匠は私の想い出の中では、いつも笑顔でいらっしゃいます。

血液のゆったりとした人だったと、今さらながら思います。

◆達磨大師は禅宗の開祖

達磨大師は今から1600年ほど前に南インドで生まれ、幼名を「菩提達磨」とか「達磨多羅」といいます。後に中国に渡って禅宗を伝え、禅宗の開祖になりました。「面壁九年」というのは、大師が少林寺の壁に向って9年の間、座禅を組んで悟りを開いたという故事から、転じて目的のために辛抱強く粘り抜くことを例えて言われるようになった言葉です。

達磨といえば、日本では選挙の当選祈願や試験の合格祈願、あるいは商売繁盛、家内安全などの願い事があるときに、目のない赤いだるまの人形を買ってきて、目標が達成したときに目を描き入れる習慣があります。

また、子供達に親しまれている「だるまさんがころんだ」という鬼ごっこ遊びを思い浮かべる人がいるかもしれません。壁を見つめて座禅を組んでいる達磨大師の姿が丸くて転びやすそうに見えることと、「だるまさんがころんだ」という言葉がちょうど10字あるところから、こんな遊びが生れたようです。

2

閻魔大王の愛

閻魔大王

人間この世で一番の大罪は何と思っているか。
人殺しなのか。大泥棒なのか。
人を騙《だま》すことなのか。
人を落とし入れることなのか。
挙げていけば切りがないほどたくさんの罪事がある。

その上、貪《むさぼ》りの心から出てくる大罪もある。
それは「食を粗末にする」という大罪だ。
食は命の大元であり、

一日も一時も欠かすことのできない生命生活の中心である。

世の中を見渡してみるがよい。
生き生きと生命活動を続けているこの大地を、
人間の勝手にしていないか。

人間を始めとする無数の生きものを育み、守っている大地。
野にある草一本、虫一匹にも大地の恵み、尊い生命が宿っている。
動物や人間は言うまでもない。

一粒の米も種から芽を出し、太陽の恵みの元に実をつけている。
水の中にいる魚も野山にいる動物達も、

全ての生きものが大自然の恵みによって守られていることを
忘れてはならない。
「一粒の飯も粗末にしてはならん」と言うのもうなずけるはずだ。

魚や動物達も人間の食糧のために生命を有しているのではない。
全てが共存していることをいいことにして、
人間が栄養を摂るための手段として勝手に貪っているのに
他ならないのだ。

だから一つ一つの植物に、動物に「ありがとう」と手を合わせるのは、
ごく当たり前のことである。
できれば「ごめんなさい」の一言があってもおかしくはない。

「ごちそうさま」も全ての物への心からの礼と感謝があって
当然と言っておく。
「そんな馬鹿な」と笑う者がいたら、即、地界《ちかい》行きと思えばよい。
人間すべての罪業の半分以上が「食」での罪であることを、
この一瞬から心に置いてもらいたい。

この説法も閻魔の愛情と思ってくれ。
気付いた者はその場から好転することも約束しておく。
日常の為すこと全てが見違えるほど順調に行くことも、
その目でわかるであろう。

衣にしても、食にしても、住にしても、
ありとあらゆるものに生命が宿っていることをトコトン腹に入れて、
神々の教えを守りたまえ。

彼岸への道は雲の上だ。

解説

閻魔大王の愛

閻魔大王

雄大な大自然の愛の中で、全ての生きものがのびのびと生きている様を示しておられます。①食の命　②眠る命は人間だけでなく、全ての動物にもあります。そして、③子孫をつくる命も同じくあります。

私は子供のころから犬を飼うことが大好きでした。ある日、愛犬と遊んでいて、ちょっとした不思議を見つけました。犬の目を間近で見つめていた時に、犬には白目《しろめ》がないことに気付いたのです。

他の動物達はどうなのかと思って、わざわざ動物園にまで行って、一日中動物達の目を見てまわったのですが、やはりどの動物にも白目がありませんでした。そこで、その道の専門の獣医さんを訪ねて聞いてみますと、「動物達には何がしかの天敵がいるので、天敵から身を守るために白目がない」ということでした。

つまり、動物は目の動きによって天敵から身を守っているために、白目があるとその動きが邪魔になるからだというのです。

このことから、人間には天敵がいないので白目が働いているということがわかりました。

さらに獣医さんから面白い話を聞くことができました。それは、人間には「他を喜ばせる」、「自分も喜ぶ」という感情の表現があることです。これは人間だけに与えられた大本能だというのです。

私達は大自然に「ありがとう」と感謝をすることと同時に、いかにして他を喜ばせるかということを課題とし、日々挑戦しなければなりません。

他が喜ぶことで、感謝のエネルギーが波動となって自分に返ってきます。この波動には好転へのエネルギーが満載されています。それは幸せの大波であることは間違いないと言っておきます。

◆閻魔大王はコンニャクがお好き⁉

閻魔大王は地獄（冥界）の王として死者の生前の罪を裁く神様です。日本の仏教では地蔵菩薩の化身とみなされ同一視されています。

「嘘をつくと閻魔様に舌を抜かれる」と言われ、怖がられている閻魔大王ですが、コンニャクが大好物だそうで、各地の閻魔堂ではコンニャク炊きの行事が行われています。

東京都文京区の源覚寺（浄土宗）には、コンニャクを供えれば眼病が治るという「こんにゃくえんま像」が祀られており、近くの商店街は「えんま通り商店街」と呼ばれています。

事の起こりは、宝暦（1751～1764年）の頃、老婆の眼病を閻魔大王が自身の右目を与えて治してやったため、老婆は感謝して自分も好物だった「こんにゃく」を断ち、閻魔様に供え続けたということです。以来、「こんにゃくえんま」と呼ばれ信仰を集めています。（文京区観光協会ホームページ等参照）

3

真面目人間より面白人間になれ

甲子《きのえね》大黒尊天《だいこくそんてん》

無理はあえて押して行け。
無駄は取り除くのではなく活用を考えろ。
ムラは適材適所に組み立てろ。
大きく大きくなるための心得だ。

解説

真面目人間より面白人間になれ

甲子大黒尊天

人間、「無理をするな」と言われても、ついついどこかで無理をしたり、また無理をしなければならない場面に出くわすことがとても多いものです。まあそれが世の中、実社会というものであろうかと思います。

「人間は考える葦である」という有名な言葉がありますが、我々は智恵という世渡りのための大きな武器を持ち腐れにしていないでしょうか？

では、無理を押すと失敗することが多いのはどうしてでしょうか。

それは人間の無理には我欲から出るものや、横車を押す気持ちから出るものがあるからです。また、変な意地から出るものもあろうかと思います。

そこで人間の持つ智恵を使うことになります。

手漕《てこ》ぎの舟を見てごらんなさい。波に逆らって左、右と漕いで前進しているではありませんか。

鳥たちの羽も同じです。風をうまく利用して浮いています。山や川などに湧く源泉で傷を癒している動物を見て、人間が憩いの場として温泉を利用するようになったのも智恵からでした。酒の造り方にしても木の実を噛んでいる猿を見て学んだことです。

無理をしないで智恵を使うことで生れているものは、他にも数知れずあります。フランクリンが雷から電気を取り出すことに成功したのも、彼の智恵と危険を恐れない無理（勇気）から生れたものです。

大阪（大坂）城築城のための巨石を船で運ぶという作業も、無理とわかっていながら智恵によって成し遂げることができたと言ってよいでしょう。面白く生きる方法を覚えると楽しいし、喜びも舞い込んで来るというものです。

人間として幅が広く奥行きのある者へと変身・成長していくのも人生の醍醐味というものではないでしょうか。四角四面の人生では息のつまることが多い。苦しい人生なればこそ、智恵を出して面白く生きよ、というのが大黒天らしい発想と受け止めます。

◆いくつもの願いを叶えてくれる大黒天

大黒天はインド、ヒンドゥー教の神様で、ヒンドゥー教の最高神シヴァ神の化身マハーカーラ（偉大な黒い神）が、その名の元になっていると言われています。日本では七福神の一人として多くの人たちから信仰されている神様です。大黒天の大黒が大国《だいこく》に通じることから、出雲の国造りの神である大国主命《おおくにぬしのみこと》と習合され、五穀豊穣、子孫繁栄、縁結び、開運・家内安全、財運向上などを叶えてくれる神様として知られています。縁日が甲子《きのえね》の日のため「甲子大黒尊天」とも呼ばれています。

4

日々行《にちにちぎょう》

地蔵菩薩

そもそも人間は
喰うことに対して足りると
奢りが出る。

常に一食の感謝を忘れては
地獄に真っ逆さまだ。
心せよ。

解説

日々行《にちにちぎょう》

地蔵菩薩

確かに「食」の世界はついつい馴れっこになってしまって、今まで美味しいと思って食べていたものでも飽きてくると「不味《まず》い」と思ってしまうことがあります。

反対に、美味しそうなものを見ると、即、食べたくなるのも人間の性ではないでしょうか。

私が耳が聞こえなくなり、世の中を彷徨《さまよ》い歩いていた時のひもじさ、辛さは忘れることができません。

修行中に文なしでの歩き行をしている時に、ふと見つけた畑の胡瓜《きゅうり》を無断でかじった雨の日、あの時の胡瓜の味が今でも心に残っています。

夕食の仕度をする民家の軒先でこぼした涙、あれがあったから今がとてもありがたく感じられるのです。

学生の頃、ご飯にソースをかけて食した思い出。今も時々やってみては懐かしく思い出しています。隣の席で美味しそうにステーキを食べていた紳士を横目に見て、「よし、俺は牛一頭食べるぞ！」と仲間に言った思い出。

こんな侘《わび》しい経験が今は自分をしっかり支えてくれていて、何となく温かい心になっています。

「ありがとう、ありがとう」という感謝の気持ちが一日に何度もわいてきます。

たまに沢庵《たくあん》だけで食事をしてみると、とても美味に感じられるのがうれしい。

これが「足りる心」かと偉大な体験に頭が下がるのです。

◆子供達にも愛されているお地蔵さん

一般的に、「お地蔵さん」とか「お地蔵様」と親しみを込めて呼ばれている地蔵菩薩は、仏教の信仰対象である菩薩の一人です。釈迦が入滅してから弥勒菩薩が成仏するまでの無仏時代の衆生を救済することを釈迦から委ねられたとされています。

浄土信仰が普及した平安時代以降、「極楽浄土に往生できない衆生は地獄へ堕ちる」という信仰が強まり、人々はこぞって地蔵菩薩に救済を求めるようになりました。

また、道祖神（村の境や峠などの路傍にあって外来の疫病や悪霊を防ぐ神）と習合したことから、「とげぬき」「いぼとり」「眼病治癒」「子供の夜泣き止め」など、さまざまな祈願の対象になりました。よく知られている六地蔵、笠地蔵、しばられ地蔵などのほかに、自性院（猫寺）の猫地蔵や恐山《おそれざん》菩提寺の英霊地蔵のように、供養のために作られた地蔵など、日本各地にはさまざまなお地蔵さんがいらっしゃいます。

「♪村のはずれのお地蔵さんは、いつもニコニコ見てござる……」という童謡（「見てござる」山上武夫作詞・海沼實作曲）にも歌われているように子供達にも愛されている菩薩様です。

5

いい言葉の達人になれ

一休禅師

艶っぽい人が多い。
若々しい人が多い。
精神年齢がすごく若い。
いつも何かに挑戦している。
可能性に賭《か》けている。

前向きな言葉が多い。
奉仕の心が常にある。

難しい言葉は使わない。
笑顔が多い。
常に明るさを感じる、
希望ある言葉が多い
精力的で忠実である。
時間を大切に使っている。
反応が速い。
教えには厳しさがある。
フォローが上手だ。

責任感が強い。
協同意識がある。
義務的行動はとらない。
事務的行動はとらない。

解説

いい言葉の達人になれ

一休禅師

「言魂《ことだま》」言葉は、私達が常に口にしている言葉の一つです。

しかし、この言魂の意味を腹の底からわかっていて使っている人は少ないように思われてなりません。

一休禅師の言われる言葉の数々は、とても大事な日常の処生術に違いありませんが、それを一つ一つ気にして発することは我々の日常生活では難しく、おいそれと取り入れて使うにはよほどの気構えが必要とされそうです。

当然のこと、現実に実行して生き道を堂々と歩いている人もいるでしょう。

文章にしてみると何となくやっているような錯覚に落ち入りそうでもあります。

それと「艶っぽい」という表現は「熱のこもった」会話と言ってもよいような気

がします。また、「若々しい」というのは気力のことを言うのではないかと思います。

精神年齢も私の体験から言うならば、「負けん気」があれば誰しも若々しくいられるような気がします。そうなれば挑戦力も出ますし、何事に対しても「できない」という言葉は出ないはずです。


誰からも「前向きな人」と受けとめてもらえるような人の奉仕の心というのも、その人の笑顔とともに言動に出ますし、物事も具体的です。

前向きな人からは明るい性格もうかがえますし、諦め心も見えません。

何を頼んでも快く動いて、時間も有効に活用しているから反応も2倍です。

それにも増して責任感も人一倍あると言ってよいでしょう。

人の話をよく耳に入れて、明るい場づくりの中心人物でもあります。

その上、なんとなく優しい色気が漂っているのも、大きな「和の主」と言ってよいでしょう。

◆気骨の人、一休さん!

一休禅師は室町時代の臨済宗大徳寺派の僧で、詩人でもあり、さまざまな説話のモデルとしても知られる大変ユニークな僧侶です。戒名を宗純《そうじゅん》（宗順とも書く）といい、道号を一休といいます。

応永22年（1415年）に、京都の大徳寺の高僧・華叟宗曇《かそうそうどん》の弟子となり、師に出された「洞山三頓の棒」という公案に対し、「有漏路《うろぢ》より無漏路《むろぢ》へ帰る 一休み 雨ふらば降れ 風ふかば吹け」と答えたことから、華叟より「一休」の道号を授かったと言われています。いかにも一休さんらしい答えとは思いませんか。ちなみに、有漏路とは迷い（煩悩）の世界、無漏路とは悟り（仏）の世界を指します。

6

宇宙との交信

地蔵菩薩

あ　明日は明日しかない
り　理想は常に持つ
が　学問を鼻にかけない
と　友を大切にして生き
う　内弁慶にならない

○「ありがとう」は交信呪文であった
一、目覚めの命から始めよ――――開願

二、トイレの中でもありがとう――――立願
三、眠る時もありがとう――――満願

〇実行三幸
一、掃除――まず片付けから合格
二、笑い――心からの笑いで合格
三、感謝――黙々として合格

※人の心は常に「あやふや」である
しっかりと両眼を開け
即、実行せよ

解説

宇宙との交信

地蔵菩薩

宇宙は全て生体エネルギーで動いています。その生体エネルギーをいかにして増幅するか考えたことがあるでしょうか。

大地に根を持つ木草類は全て生体エネルギーを放出しています。かりそめに自分の身近にある木に手を当てて「おはよう」と言ってごらん。その木は君の手から全身に生体エネルギーを送ってくるでしょう。

ある時、私の田舎（香川県）の同級生が通風で倒れたと聞いて、見舞いに出向きました。坂出市《さかいでし》まで行った時、病院の玄関にヒマラヤ杉があったので、病院に入る前にその大木に手を当てて友人の名を呼び続け、その足で彼の病室に行きました。そして、大木に当てた手を友人の手に当てて話をしたのです。

小一時間ほどして彼の口から「大きな木に触れているような気がする……」と言い出し、さらに「宙に浮いているようだ」と言い出したのです。

わずかな時間の間にどんどん口が利けるようになってきたので、その訳を話してやりました。

その日はそのまま別れたのですが、二ヶ月ほどたって友人の元気な声が電話の先から響いてきて、「もう自動車を運転している」とのことでした。そこですかさず「生きていることに感謝して、何かにつけて『ありがとう』と言ってごらん」とアドバイスしておきました。

それが功を奏したのか、翌月にひょっこり車で埼玉まで15時間もかけてやって来たのにはびっくりさせられました。よかった。地蔵さんの言った通りだと友人と手を取って喜んだものです。

◉ありがとうの呪文ですが、

①目覚めた時に、命のあったことに感謝することを意外と誰もやっていないことに気がつきました。朝が来たら目が覚めるのは当り前と思っている私達の身勝手さを反省しましょう。

②トイレの中での「ありがとう」ですが、これもただ座っているだけの人が大半ではないでしょうか。大きな時間の無駄を毎日毎回やっていることに気付いてください。便所があること、便が出たこと、流す水があること、ペーパーのあること、それにも増して命があることを感謝しなければなりません。よく似た時間に風呂がありますね。この時を感謝で使わないと大きな損失です。

③一日が終って寝床に足を入れた時の充実感、この時が命の洗濯の時なので

す。次の日を過ごすための生体エネルギーの充電の時であることは間違いありません。そのエネルギーの増幅をさせるのも「ありがとう」なのです。

◉実行の三幸ですが、
㋜**掃除**《そうじ》です――まず片付けができたら初級合格です。
㋻**笑**《わら》うことです――笑うといっても心からの笑いが必要です。落語や漫才などの笑いは楽しいですが、生体とは関係ありません。これが中級です。
㋕そして**感謝**《かんしゃ》（ありがとう）ですが、これは上級合格です。

真の幸せ道を地蔵菩薩が優しく説いてくださいました。
本当に心が温まる御教えだと感じます。
ありがとう。

7

人間道

弘法大師

人間この世に生れてきて、
一つとして自分の力でやりこなしたものがあるだろうか。

振り返って自分の足跡を見てみるがよい。
お乳を与えられ、襁褓《おしめ》を取り替えてもらうことから始まり、
食べる、着る、寝るに至《いた》るまで、
全てが人の手に委《ゆだ》ねられているのが日常だ。

生きるための食・衣・住にしても、

大自然の恵みや職人たちの労《ろう》を考えても、
与えられたものばかりである。

生れながらにして人生の大借金を背負っていることは間違いなしだ。
これを社会に向け、人様に向けて、自分でできることで
返していくことが、
真の悟り道と言えると知ってほしい。

悟りというのは、自分の生き様の中で目的に向い、
自分の役目を知り、何ができるのかを探し出し、
それを実行して、世の中に尽す道である。

自分の欲望に溺れていたら、
重い人生借金を背負ったままこの世を終ることになる。
それでは魂しいが身軽くなれないのだ。
自在力《じざいりょく》を失い、
ままならない哀《あわ》れな姿を曝《さら》け出すことになるのは、 明らかである。
心して腹に入れておくように。

解説

人間道

弘法大師

人間界に生れてきた喜びをまず知らなければならない我々ですが、生きているこの人間界は①天道 ②人間道 ③修羅道 ④畜生道 ⑤餓鬼道 ⑥地獄道という六道の一つであります。

そして多くの課題を出されて、魂しいの磨き場でもある人間道に運よく生れてきたのも、魂しいが大変な苦労してやって来たからと考えてもよいのではないかと思われます。

その修行界に来ても弘法大師が言われるように人様の手に委ねているのが現実なのです。この弘法大師の言葉からして、いかなる行いをして気付くかが大きな課題ではないでしょうか。

私なりに手さぐりをしてみますと、世の中の人々に、また全てのエネルギー界に恩返しする実行こそ道開きとなるような気がしてなりません。

お　思い切りのよい行い
か　風の吹くままに逆らわない
え　縁の全てを大切にする
し　しんからの温もりを世の中や他人に与える

●日々の仕事一つにしても、思い切り動いているでしょうか。
●世知辛《せちがら》い世の中で足をふんばっているでしょうか。
●甘い都合のよい風に流されていないでしょうか。
●出会いは第二の人生と言われるほど魂しいの歩みには大いに関係があります。出会ったせっかくの縁を快道として大いに利用しているでしょうか。
●上辺だけの甘さを出していないでしょうか。心から助け合い信じ合って教え、また教えられているでしょうか。

●そして、どこまでも愛のある優しさで人と交わっているでしょうか。

●我欲は出していないでしょうか。

●怒りたい時の自分を治めているでしょうか。

●常に分かち合い心で和を大切にしているでしょうか。

●仲間同志は勿論のこと、友や家族とも許し合える絆をしっかりと手の内に入れているでしょうか。

●人に恩を売り込んでいないでしょうか。

●みんなで分かち合う日々であり、食膳であるでしょうか。

●自分だけが得をしたいと思っていませんか。

●勝ちたいと思っていませんか。

こんなことに違反していると気付いたら今すぐ修正してください。気付いて切り替えができたら、弘法大師も天界からにっこりと光波を送ってくださることでしょう。ましてや皆さんの守護神や守護霊は手をたたいて大喜びなさいますことは必定であると思います。そして、この世にいる時から幸風に出逢うこともここで言い切れる材料です。

◆弘法大師と空海は同一人物

「弘法大師」と真言宗の開祖の「空海」は同一人物です。弘法大師という名称は空海の死後、その功績を称えて醍醐天皇から贈られた「おくりな」です。空海の地元（四国）では「お大師さん」と呼ばれて親しまれています。

また、空海の足跡を偲《しの》んで四国八十八ヶ所巡礼に訪れる人が今なお後を絶ちません。

2004年7月世界遺産に登録された高野山（和歌山県）は弘法大師によって開かれた真言密教の修行道場で、高野山真言宗の総本山でもあります。

「弘法も筆の誤り」という諺があるように、弘法大師は書の達人としても知られています。

8

己を鍛えよ

空海

主観だけで憶測をするな。
自分の考えの無理押しはするな。
一つの判断で事をなすな。
自分の都合は後まわしでよい。

人生は生きて花を咲かせ。
世の尽す行いは子孫への贈り物である。
いかなることも焦《あせ》るなかれ。

いかなることも慌てるなかれ。
「志」とは目標である（持っているか）。
陰働きは必ず日の目を見る。
失敗を素直に認めるが上人なり。
過ちを改めないやつが本当の過ちだ。

人　大局に立てば争いなし。
こだわり心は盲目の元なり。
人生ではその場に合わすを忘れるな。

解説

己を鍛えよ

空海

世渡りは主観で憶測をしてはとんだ方向に向いてしまいます。

自分の思うようになると思うのは自我です。

自分の都合がいつでも表に出せる。よって後まわしでよい。これも自我です。


諺に「死んで花実が咲くものか」というのがありますが、死ぬまで待てとは言いません。人は生きて花を咲かせるのが大道というものでしょう。

この生き道を、世のため人のために何か役立ててみましょう。

人が喜ぶ顔を見るのは素晴らしいものです。

例え陰働《かげ》きであっても花は見事に咲いてくれます。

思い切って前進するべし。志あらば必ず目的にぶつかるものです。

道中に失敗があったとしても、素直さがあれば方向はいかようにも変更できます。

それを、意地を通しきる人が多いのですが、これこそが本当の大失敗の元なのです。

道には、その場の道が敷《し》かれています。

こだわりなく進むを本道としましょう。

人に合わせる、道に合わせる、その場に合わせるが明るい本道と知るべきです。

自分が鍛えられます。

9

心の貧乏人になるな

老子

①老・病・死を耳にしたら即理解できる人
②身近な人の老・病・死を見て理解できる人
③親族の老・病・死を見て、やっと理解できる人
④自分が老・病・死に迫られてから理解できる人
※①と②は何とかなるが③と④はかなり難儀な人である。

救いようのない人たちもいる。
人間、死ぬことは誰でも恐い。

だが、もっと恐いことがある。

自分の周りを見回してみよ。
呼吸はしている。
飯も食っている。

ただそれだけで
何にも役に立っていない人の多いことがわかる。
あれは死んでいる人だ。
いや、死ぬことすらできない哀れな人達だ。
なぜ思い切り生きることができないのだろうか？

解説

心の貧乏人になるな

老子

今時の世の中を見ていると、実に淋しくなります。せっかくの人間界です。

河原の砂の中から金を見つけ出すより難しい人間界に生れてきたのに、なぜ思い切り胸を張って生きていけないのでしょうか。

世の中のため、人のためとまでは行かなくても、生れてきた喜びをもっと表に出して、気迫のある生き方があるはずです。

一切れの沢庵でも喜んで楽しく食べてみてほしい。

宇宙はそれに反応します。

それが何であるかは、それぞれに違っているので決められませんが、感謝の心が湧き上がってくることは間違いありません。

そこには何がしかの朗報がとび込んで来る仕掛けがあります。

それをしっかりと手に取って自分のものにしてみましょう。

大きな財産になることが約束されています。

これは普通の人であろうと、大臣であろうと、大財閥であろうと、誰一人として変わらないことであることを知っておいてほしいのです。

「三途の川は金しだい」とは、人間の気休めであることも言っておきます。

◆「無為自然」を理想とした老子

老子は中国春秋時代に活躍した思想家で、のちに生まれた道教の始祖とされています。「老子」という呼び名は「偉大な人物」を意味する尊称で、本名を「李耳《りじ》」といいます。

老子の思想の中核を成す「無為自然」（作為がなく自然のまま）という思想は、簡単に言えば、富や権威を追求するのではなく自給自足の素朴な暮らしに満足することを理想とした思想です。

【老子の名言】

❖困難なことは、それがまだ易《やさ》しいうちに始めよ。
偉大なことは、それがまだ小さなうちにやるがよい。
世界中の困難な問題も、かつては易しかったに違いない。
偉大なことも、かつては取るに足らない小さなことだったに違いない。
千里の旅も第一歩から始まるのだ。

❖優しい言葉をかければ、信頼が生れる。
相手の身になって考えれば、結びつきが生れる。
相手の身になって与えれば、愛が芽生える。

10

安全人生

釈尊

人生では、気を張り詰めたら神経が痛みます。
これが人生上の大きな課題です。
そこで自分を許し、人も許せる人になってください。
「許せる」は「緩《ゆる》ませる」が語源です。

何か心に引っかかっていませんか。
痛みを感じたら心が緩んでいません。
腹を割ってよく考えてみることです。
痛みは退散することでしょう。約束します。

まだ痛みが消えない人がいますね。
それは、消えないのではなく、消さないのです。
ほら、お腹の何所《どこ》かにまだ怒りが残っていませんか。

今日も威張っていたでしょう。
怒鳴《どな》る心はどうでしょう。
この病原体はかなり頑固ですよ。
自分のお腹に居座っていることに気付いてください。

よく考えてみてください。
自分の神経を緩ませることができるのは、自分しかいないのです。
他人は決して手を出すことのできない神経の世界の出来事です。

だから自分を苦しめている①怒る心 ②威張る心、
そしてもう一つ、③怒鳴る心を鎮めなければなりません。

正義感や使命感などという肩の張りそうなことから、
自分を解放してあげましょう。
ぐーんと楽になること請け合いです。

もう少し深く考えてみましょう。
みなさんはいつも、自分は間違っていないと思っていませんか。
悪いことは全て自分以外の人達だと決めつけていませんか。
心の中のことです。
正直に判断してくださいね。

痛みの種なのですから取り除かなければなりません。

余談ですが、世の中の戦争もここから生れています。
それぞれが自分を「もし」と思って修正しているなら争いには
なりません。

病気との戦いも同じなのです。
痛みは大きな戦争であると考えてください。

ですから戦争の原因となる「自分が正しい」と思う心を
取り除きましょう。
これが無くなると怒りも出ません。

威張る心も怒鳴る心も出てきようがないのです。
痛みの退散で笑顔が戻ってきます。真の平和です。

もう一度言っておきます。
自分の能力をよく知り、自分に合った考え・生き方をして
自分を満足に導き、
他人を許すことができているか検証してみてください。
張り詰めた神経が緩んできたことに気付きます。

心が安らかならば体も安らかになります。
私の言葉を心の底から信じて、毎日を無事に過ごしてください。
祈っています。

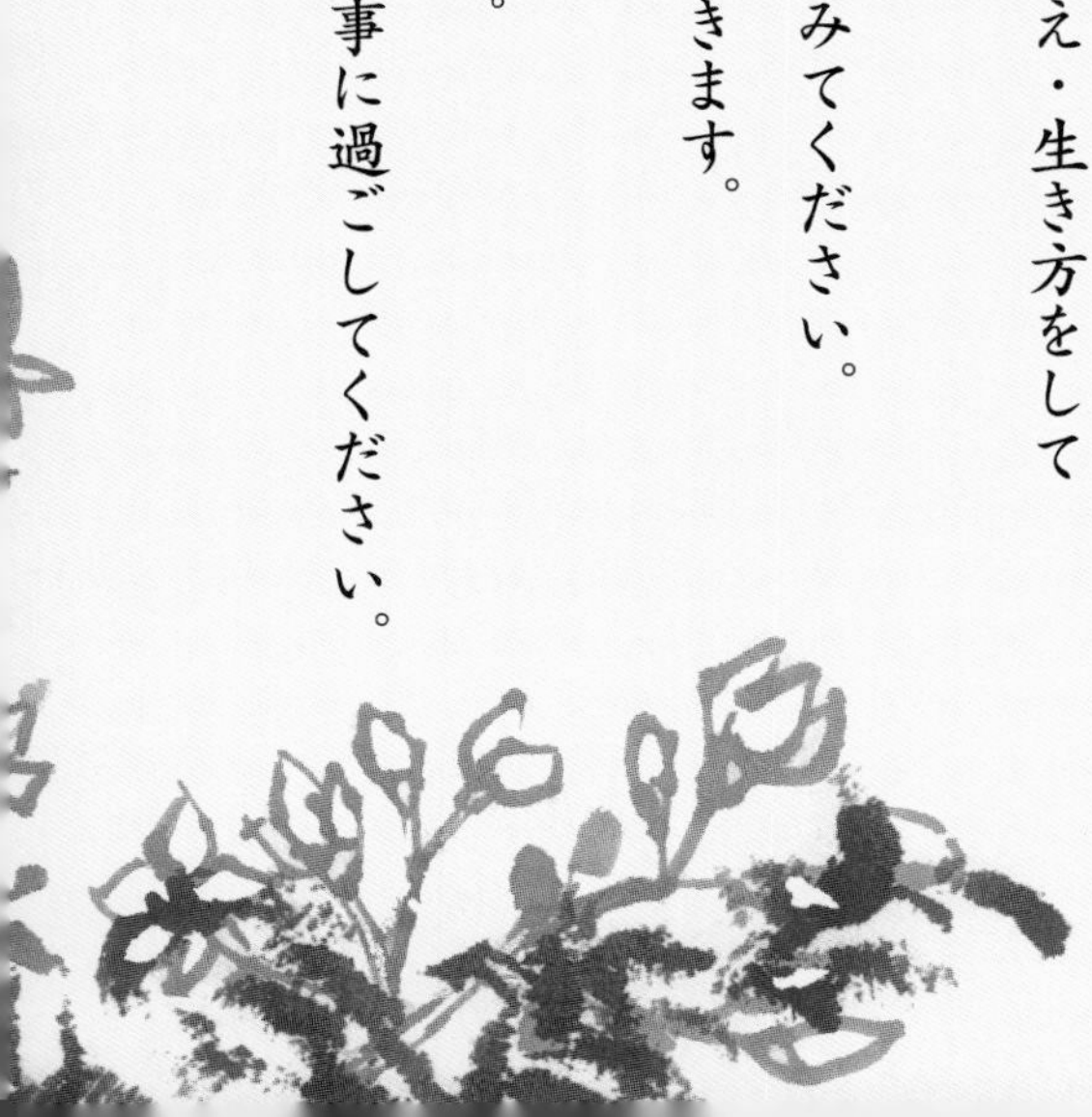

心をば
すまし見れば
聞え来る
命の叫び
ゆるやかな春

解説

安全人生

釈尊

許すは緩むであり　神々の心である（釈尊）

人に対しても自分に対しても、心から許すことが素直にできないのが人間です。そこで頭をもち上げてくるのが、「怒り」「貪欲」「悪口」「貶《けな》す」「責める」などの悪癖です。

この悪癖を一掃する呪文が「許す」です。

この許す心が頭を持ち上げてくると、どこからともなく心緩んで、何にもなかったような気分に不思議となってきます。

私の経験からも、それがありありとわかります。絶対的に信じていた人が、どうしても許しがたい道に外れたことをしたことがあります。

当時は腹の虫が治まらず、断腸の思いでしたが……。幸いにしてお釈迦さまから「許す」を学んだすぐ後でしたので、「何か自分に不足のところがあったのだろう……」と心に言って聞かせました。すると不思議なことに、相手を怒るどころか「裏切りも辛かっただろう」と思うようになったのです。それからの仕事が次々と好転して、宝ものまで舞い込んできました。

ちょっと考えると「そんな馬鹿な」と言いたいでしょうが、全くの事実であり、正真正銘の体験です。

そして、さらに人にも伝え、教えたところ、そこでも好転を見ることができ、私にとっても大きな自信となりました。うれしい限りであり、広く話したくなったのも現実です。

◆釈尊・釈迦・ブッダは同一人物

釈迦は今からおよそ2500年前、現在のネパールの南部、インド北東部との国境付近のルンビニーという場所で誕生した実在の人物として歴史上伝えられています。釈尊とは釈迦の尊称です。

これとは別に、もう一つの尊称として「ブッダ（仏陀）」という呼び名があります。ブッダとは「目覚めた人」という意味で、日本では「仏様《ほとけさま》」という呼び方も生れました。釈迦の遺骨は正仏舎利として今もお祀りされ、多くの人の信仰を集めています。

11

礼節を重んじて人間快道

親鸞上人

この人間世界は苦行の世界である。
向上のためにつくられた修行道であると言ってもよいくらい、
次から次へと挑戦を強《し》いられる世界と思ってもよい。
中でも礼節は大きな人間修行の一つである。
自分の意志だからといって、世間の風に逆らっている人も
多々見られる。

人間は朝の目覚めで「おはよう」という礼が一日の始めとなる。
「おはよう」は、たとえ面識のない相手とでも心が通う

素晴らしい呪文である。
いかなる場面、いかなる場所にあっても、
「おはよう」は心と心が和む呪文であることを知れ。

また一年を通じて、新年であるからとか、夏の暑さであるとか、
人を訪ねる時、または何らかのもてなしの時など、
挨拶がわりの心づかいの礼節があるが、
これは、理由はともかく、相手に対する感謝の礼である。
また、これらの行いに対して返礼というものがあるが、
これも心の礼であり、心の交流のための礼節である。

人間、持ちつ持たれつを忘れては争いの種となることも
知ってほしい。
自分の日常を見渡してみたまえ。数々の無礼が見つかるものだ。
この礼節は個人のものであり、社会のものでもある。
大きな和の通いであることを知って、快道とせよ。

お　思い切りがよい
か　風の吹くまま逆らわない
え　縁を大切にする
し　しんからの温まり

解説

礼節を重んじて人間快道

親鸞上人

「おはよう」が礼節呪文と考えると、納得のいく節々が確かにあります。仲間同志であればごく自然体で「おはよう」が出てきますが、知らない人となると全く出てきません。

街の中であれば、知らない人にいちいち挨拶もできませんが、エレベーターの中などでは、「おはよう」はあってもいいのではないかと思います。ことにホテルのエレベーターの中では、知らない人同士の「おはよう」は明るい空気となって流れてきます。

海外のホテルでは、人が乗るごとに「（グッド）モーニング」を耳にすることが常です。そこには笑顔までついてきます。爽やかな朝食となり、命の洗濯のような気持ちになります。

また、時折の贈り物もごく自然の形で行われています。そのたびに心の絆の温もりを感じていますが、「和」のための大きな習慣のようにも感じます。

つい一年くらい前のことですが、お近づきの印《しるし》にと思って、ふる里の物を贈ったら相手から手紙が来て、「自分は贈り物をもらわない主義にしているから、今後は遠慮します」とのことでした。

人それぞれの生き方があるので、何も気にすることではないのですが、親鸞上人の礼節という呪文からすると、ずいぶん損をしているように思われたので、ここに一例として挙げてみました。

同じ断わるなら、呪文の「ありがとう」をつけてみたらと思いますし、友人としても長く続くのではないでしょうか。ちなみに、この友人、世の中の表から遠くなってしまいました。

人間ちょっとした智恵を働かせて、礼節は重んじるべきだと思いました。

同時に、生きていく社会の礼節はとても大きな「和」の力であり、人格の力でもあることをしみじみと感じ、学びになったことも言っておきたいと思います。

◆浄土真宗を開いた親鸞上人

親鸞は9歳で出家し、比叡山で20年間厳しい修行を積んだのち、山を下りて法然上人の弟子になります。法然の「どんな人であれ念仏ひとつで救われる」という本願念仏の教えに感激し、法然とともに念仏の教えを伝えていきました。しかし、その思想は旧来の仏教を否定するものだとして仏教教団からの反感をかうこととなり、朝廷への訴えによって、法然上人は土佐へ、親鸞は越後へ流罪となりました。

4年後、罪を解かれると関東に移り、20余年にわたって下級武士や農民に教えを説き、晩年京都へ帰ります。親鸞の思想の特色は、法然の思想をさらに徹底させた絶対他力の信仰と悪人正機《あくにんしょうき》説で、主著『教行信証』や弟子唯円《ゆいえん》が親鸞の語録をまとめた『歎異抄《たんにしょう》』によってうかがうことができます。

「善人なおもて往生をとぐ、いはんや悪人をや。しかるを世のひとつねにいはく、悪人なを往生す、いかにいはんや善人をや」という悪人正機を説く、この言葉は特に有名です。

常識的に考えると悪人より善人のほうが極楽に行ける可能性が高いと誰もが考えますが、親鸞はそのようには考えませんでした。理由は、「善人はみずからの善を誇り、阿弥陀様におすがりしようとする他力の心が欠けているから、そのような自力の心があるうちは阿弥陀様の救済の対象ではない」と考えたからでした。

親鸞は90歳で亡くなるまで寺も持たず、在野で他力本願の念仏を説き、人間の煩悩と向い合いました。親鸞は教団を作ることはしませんでしたが、親鸞なきあと弟子たちが教団をつくり、その教団をのちに蓮如《れんにょ》が「浄土真宗」として独立させました。

12

中味づくりこそ人生処方箋

蓮如上人

人生は、中味をつくるを本道とせよ。
いつの時代でも、中味をつくらず、
表面のみを飾って正当化している場面が多く見られる。

床を磨くにしても、ただ水拭きをしている場合があるが、
乾拭きでも隅々まで手が届いていることが少なくない世の中である。
形だけが先走りをして、中味の無いことが多く見られるが、
これは時間の無駄でもあり、見かけ倒しと言うやつだ。

私が耳にした古い話を持ち出してみよう。
高僧、玄沙師備《げんさしび》が立派な寺院の前を通りがかりで見つけ、
立ち寄った時の話である。

一人の長老らしき僧を見つけ、修行のあり方を尋ねると、
長老が胸を張って「前に三三 後三三」と返答されたそうである
(これをどういう意味なのか調べてみると、
「前に六棟あり、後に六棟もある」ということであった)。
つまり、これほどの勢いを持っている修行道場だと
胸を張ったことになる。

この返事を聞いて、玄沙は「中味が別だ」と

心でつぶやいたそうである。
いかに外面がよくても、中味の無いものほど空しいものはない。
世の中には表面だけをつくろうことを気にしている者が多いが、
人間中味じゃよ。
身分や地位などで左右されるものではない。
一杯の水の尊さを知る心があれば中味づくりとなる。

解説

中味づくりこそ人生処方箋

蓮如上人

見かけと中味は違うと蓮如様は言われているようですが、今の社会には耳の痛い話です。

政治の世界一つにしても、権力の奪い合いで大切な時間をまる潰しにしているように思えることがよくあります。

自分の地位保持のためばかりを優先しているのが現実であろうかと思います。

世の中に出まわっている品々でも、過剰包装で人々の目をごまかしているものが多く見られ、紙の原料である木の心配はどこ吹く風です。

それなのに文明ばかりを追いかけている現代の流れを変えようとはしていません。

世界の環境会議でも、行き詰まったこと、困ったことだけが先行して、原因となる熱帯雨林などの消滅などは口先にも上らないようです。
これこそ中味のないことの代表かもしれません。
地球のために環境改善に尽すべしと思うのです。

13

言魂は生きている

日蓮上人

人間の体には毒素製造機がある。
怒る心は毒素を次々に造り出している。
一度試してみるとよくわかることがある。
庭の植木鉢に声をかけてみるとよくわかる。

第一の鉢に「君を愛しているよ」と声をかけ、
第二の鉢に「君は大嫌いだ」と声をかける。
一ヶ月もすると、第一の鉢はすくすくと

青々としているのに、
第二の鉢は枯れてしまいそうになっている。

追い打ちに「馬鹿」とでも言ってごらん。
たちまち死に体になって、
しまいには見る影もない有様である。
この原理に合わせて世間の色々なものを
当てはめてみるのもよかろうぞ。

解説

言魂は生きている

日蓮上人

この話で思い当る実例があります。

よく知っている友人に子供が生まれ、それはそれは可愛い男の子でした。育つにしたがって、能力も高く、素晴らしい天才児で、誰からも好かれる好青年になって世の中の人々にも奉仕一筋でした。

その後、六歳違いの弟が生れたのですが、この子は学力も普通以下で、横道にずれがちな子になってしまい、ついに人生をも投げそうになっていました。

どうしてそんなことになったのか？

よくよく聞いてみると、親から常に兄と比較されて小言を言われ、はては馬鹿呼ばわりされてきたというのです。

このことを日蓮様の話に合わしてみますと、人間の言葉毒の恐ろしさを思い知らされます。怒る毒で可愛い我が子までも毒づけにしてしまっていたのです。そして、そのことで子供を苦しめ、自分も悩み、暗い人生となっていました。

「今からでも遅くない。言葉の栄養を与えてやっては……」、と友人に言ってやりました。

それから5年あまり経った頃です。友人の奥さんから電話がかかってきて、ご主人が「癌で亡くなった」とのことでした。

何の巡りか、自分の毒で自分の命まで失ってしまったのです。

「怒る」の毒を出さないようにしましょう。

かといって、人々を指導するための厳しい言葉まで無くしてはいけません。

「言葉と心を正しく使ってください」と付け加えておきます。

14

五戒

日蓮上人

1　不平不満

どうだろう。
一日を振り返って、一日に何度不平を言ったか、
不満を口にしたか考えたことがあるか。

2　泣き言

何かにつけて自分の思うようにならないと、
自分を正当化するために泣き言を言っているのが人間である。
泣き言は一種の自己満足なのである。

3

愚痴

これも自分の正当化のためのものだろう。
人様に聞いてもらえない心を、さも正しいかのように
誰かれと言わずに、
人様が笑っていても構わず自論をブツブツと言っている姿だ。

4

悪口

これも身勝手な心であることは間違いない。
口にした自分の言葉に満足感があるようである。
いや、自分の言葉に酔っているのであろう。
醜い姿であることに気付いてもいないのだ。
他を責めることのみに集中している。

自分を振り返ってみることなど微塵も持っていない
姿なのである。

5

文句

いかなる時においても、
何か一言言わなければ気のすまない場面に出くわすことが
あるだろう。
その一言のために、人々から嫌われていることすら
わからないでいる。

解説

五戒

日蓮上人

これらの五つの人間の垢が、人生をいかに引っぱっているか考えてみるとよいでしょう。

日常のちょっとしたチャンスさえも、この五つの心が出張っている限り見逃してしまうのです。

友達に電話をしようと思っていた時に、その相手から電話がかかってきたことはありませんか。そんな時は好転の時であり、好機がやって来た時でもあり、運の広がりでもあることを知らねばなりません。

何か探し物をしている時、置き忘れていた宝物やお金に出合ったことなどありませんか。大きな好転現象ですが、これも先に言った五戒をやっていたら出合うことなど全く無いでしょう。

人のチャンスというものは、自分の行動や言動から生れていることを知ってください。

良きも悪しきも生体エネルギーの現象であります。

恋人のできない人に話を聞いてみたら、五戒ばかりで楽しい話など一つとして出てきませんでした。

ただただ、「自分には運がない」とか、はては食事を誘ってもらったことなどを「嫌らしい」などと言魂にして、自分の運気を全て潰していることが多いようです。

そして、七福神が大好きな「ありがとう」を忘れているようです。

だから言葉に角が立っています。

自分から進んで楽しいこと、うれしいこと、人を愛することを
やってみましょう。
良き人生が待っています。

15

人間　感情的になるな

法然上人

人間は感情という武器を持って生れている。
ちょっとしたことで喜んだり、笑ったり、
仲良くなることも多いが、
反対に何でもないことで感情的になることも多い。

その上に冷静な心でいないと、聞き間違いや勘違いも起きる。
それでも一旦思い込むとなかなか元の冷静に戻すのは大変である。
それほど人間の感情はよくできているといえばそれまでだが、
社会生活から言うと、今も昔も思うようにならないのが、これまた感情の世界である。

それでは、いかにしてこの場を切り抜けるかというと、感情的になった相手を無視することが処生術である。

いかに感情が高ぶった人でも、相手なしでは勝負になるまい。

一人で感情を高ぶらせても馬鹿そのものである。

それでも高ぶるほどの人はまずあるまい。

解説

人間　感情的になるな

法然上人

なるほど、相手なしではどんな場面でも事は成り立ちませんね。たとえ落語の高座でも、自分で語って自分で笑うことほど耳ざわりの悪いものはないでしょう。たまたまそんな落語家も中にはいますがね。これまた失礼。

相手にしないと言えば、昔話によく出てくる塚原卜伝《つかはらぼくでん》の話があります。川の渡し舟の一節です。

乗り合いの渡し舟に多勢の人が乗り、船頭さんが竿を差し、川に漕ぎ出した時、一人の若武士が中ほどに座っていた卜伝に向って「武士より上席に座っているのが気にいらん」と因縁をつけてきたのです。

卜伝が相手にしないとますます怒り始め、しまいには刀に手を掛けて「勝負しろ」とまで言ってきました。それでも卜伝は「この舟の上では勝負もできまい」と言うと、近くの中洲を見つけて「あの中洲で勝負だ」と言い出しました。卜伝はにっこり笑って「中洲なら人々に迷惑をかけまい」と船頭に中洲に舟を着けるよう頼みました。

やがて舟が中洲に着くと、若武士は立ち上がって中洲に飛び降りました。そこで卜伝は、いち早く船頭の持つ長竿で中洲を突き離したのです。舟は若武士一人を中洲に残して川面を走り出しました。卜伝は大きな声で「これが戦わずして勝つ剣術だよ」と大笑いしたそうです。

素晴らしい！　怒には相手しない人生術だと思いませんか。私達もちょっとした智恵を出して世渡りに役立てたいものです。

16

魂しいの歩み①

弘法大師

諸行無常《しょぎょうむじょう》　我の心　陰《かげ》に置かず
是正滅法《ぜしょうめっぽう》　又　他人の心に陰を与えず
生滅々已《しょうめつめつい》　陰働《かげばたら》きに有りてはその心驕《おご》らず
寂滅為楽《じゃくめついらく》　陰《いん》と陽《よう》とは常に裏と表なり

【解読】

自分の心は常に明るく持て。
じめじめはするな。
他人の心は曇らせてはならぬ。
暗くさせてもいかん。
陰働きは心からせよ。
「してやった」は無し。
陰と陽は一時も欠かさず一対なるべし。

解説

魂しいの歩み①

弘法大師

自分の心であっても自分の意のままにならない、大切であるが厄介な心。「この心を常に明るく持ちなさい」ということなのですが、のべて平らな心を持ち続けるというのは、いかなる人でも大変な苦労ではなかろうかと思います。

いい気持ちで一休みしている時の電話一本でも面倒だと思うわずらわしさは、誰でも経験していることでしょう。こんな時でも反対に自分が電話をかけた方だったらと思うと、意外と平常心でいられるものです。

そこで、ちょっとした閃《ひらめ》きですが、こうした場面では「反対だったら」と立場を置き換えてみるのが、一番の心の安定法ではないかと思うのです。

次の「じめじめはするな」というのは、物事に対して「陰《いん》」に考える場面であると思います。これも「そんなこともよくある」と切り捨てると心は空《から》っとしているものです。

人間社会は常に協同体です。

どんな場面に出合うか予測は全くつかないものならば、自分の心には「自在心」がなければならないでしょう。

空の雲のように、時の風に自在で、いわば人間「してやった」がすぐに頭をもち上げます。これも先に述べたように、「人それぞれに……」と流してしまうとよい。そうすれば、どんなことに出合っても心から尽くせるようになるものです。

最後に陰と陽との一対の話ですが、もともと男と女は始めから機能も違うし、感情も違うから別のものであると知るとよいでしょう。

一つの花を見るにしても女性は「美しい」から入るのですが、男性は「可愛い」とか色を誉めることが多いようです。

食物も甘い辛いから始まって嗜好《しこう》がまるきり違います。

それでも夫婦、親子で共同生活ができるのは、「折れ合う」「助け合う」「理解し合う」「譲り合う」などの心の備えができているからです。

ここで言えることは、我身をそれぞれが出さないことであると締めておきます。

17

長楽への道 七ヶ条

釈尊

一、無事に食事ができる時はすべての人の苦労に感謝すべし。
二、この一食が食べられない人のことを思え。
三、この食事に値する働きをしただろうか。
四、貪《むさぼ》る心を出していないか。
五、空腹を満たすのではない。 良薬を頂いている。
六、世の中のためにどれだけ働いただろうか。
七、人々にどれだけ喜びを贈ったであろうか。

解説

長楽への道 七ヶ条

釈尊

私達が何気なしに頂いている食事には、数多くの人の手と心がこもっていることを忘れてはなりません。

米一粒にしても、籾《もみ》まきから始まり、水引き、苗代づくり、水田、草取り、害虫退治、台風対策、稲刈り、脱穀《だっこく》、籾《もみ》すり、精米と、十通りの人の手と、大自然の力を借りていることを知って食卓についているでしょうか。

その上に炊事にいたっては、水の恵み、火の恵み、器の恵みと、多くの恵みに世話になっています。これらの苦労があっての食事です。感謝しか無いのではないでしょうか。

広い世界を見まわして、この一食が食べられない人がどれだけいるか考えたことがあるでしょうか。

修行中に歩き行をしていた時、この一食の重みは頭を下げるより他はないと、一食の飢えを満たすために恥ずかしげもなく屑箱を覗いたことを想い出します。一切れのパンの食べ残しのありがたさ、救いの神に出逢ったように喜んだものでした。

道端で老婆に恵んでもらったおにぎりに咽《むせ》び泣いたことも嬉しく、今でも「ありがとう」と頭が下がります。


貪る心をいかなる時も出してはならない。そして、世の中の人々に喜んでもらえる働きをしなくてはならないと、心が叫ぶ声がします。

世の中に尽すということは、人生の恩返しであることは間違いありません。

釈尊の言われる長楽とは、こうした心を出してこそ、人として生れてきた大きな修行であると理解するのです。

海の塩にしても、よくぞ有ってくれたと手を合わせてみるのも、大自然の恵みに対する礼儀だと思うのです。

こんな心で世の中に当っていると、自然と心が豊かになってくるのを覚え、長楽の道が開けるのがよくわかります。

ありがとう、釈尊。

18

魂しいの歩み②

弘法大師

自分達の日常をより豊かに、住みよく、生きづらさのない、合理的な暮らしをしたいと思うのは人の常なり。
日々、脇目もふらず仕事に熱中している毎日の姿も、生きていく上にはなくてはならない道理の一つである。

ところが、人間ともすれば拝金主義に押し流されてしまう。
これが俗に言う落ち目というやつだ。
周りを見渡してみるがよい。

不祥事が数えきれないほどあることに気付くであろう。
これは今に始まったことではない。
人間の長い歴史の中で最も多く見てとれる実態である。
人生を豊かにしたいという目的はいかに立派でも、
欲望にどっぷり漬《つ》かってしまって、
我利我利亡者《がりがりもうじゃ》になって、
自分の都合だけを振りまわしている事実は否定できまい。
欲の波に溺れるというやつだ。

何とかこの嵐をしのぐための智恵を出して乗り切りたいと思わないか。
英智を生かせ、同志よ。

解説

魂しいの歩み②

弘法大師

さて、いかなる英智がこの荒波の世を無事に向こう岸へと着けさせることができるのか、みなさんも共に考えてほしいのです。

ここでは弘法大師に智恵を借りつつ、いくつかの通り道を示してみたいと思います。

①利を考えてみよう……順調な時、不調な時もあるを心得るべし。

②衰《すい》……利益どころか人体まで亡《ほろ》ぼされる時もある。手を広げず待つことだ。我慢の時としるべし。

③毀《き》……他から「ケチ」をつけられたり、「悪者」にされたり、「腐《くさ》」らされたりする時である。我慢で見逃すが勝ちだ。

④誉《よ》……人様から誉められた時、誰となく陰で誉められる時もある。喜んで受け止めよ。

⑤称《しょう》……人様が目の前で誉める時だ。大半をお世辞と思うがよい。

⑥議《ぎ》……そしることを指す。面と向っての議《はか》りだ。これに腹を立ててはいかん。かえって喜んで受け止めよ。

⑦苦……逆境の時である。気にしてもかえって足を引っぱられるだけだ。心を明るくしていること。

⑧楽……この時こそ人間の驕《おご》りが出やすい時である。気を付けよ。同時に過信も出やすいので人を甘く見てしまう。注意せよ。

この八つの風は人間の生活に常についてまわっています。心から学ぶように。

19

今を生きるは仕事が命

阿難陀《アーナンダ》

人間の命の源は食にあることは、
常々より世間の常識として知られている。
しかし、食にいかにしてあり付けるかを論じている様を
見聞きすることは少ない。
いや、無いと言ってもよい。

この世に生ある限り、食べなければ生きられない。命は続かない。
それを裏付けしているのが仕事である。
それも今ある仕事が食の種であり、命の働き場でもある。

農業者なれば、汗を流して土と取り組んでこそ食にありつける。
そこから生れた食材を商う人は、
その商いによって食にありつけている。
その食材を仕入れて料理する職もあろう。そこが命場だ。

人を教えて食べる人、筆を執って生活をしている人、
国を治めて食べている人、
人類何がしかの働き場があってこそ、
命の食にありつけていることを忘れてはならん。

この尊い仕事という営みがあることに手を合わせ、
「ありがとう」を言うべきであろう。

この仕掛けこそ、よき人生を送る大仕掛けであることを、
ここで腹に入れてほしい。
よって、仕事に対する不平不満は、
仕事側から言えば大罪である、この罰が浪人だ。

「仕事が無い」と嘆く前に、
自分の腹の中を覗いて見ることが大切である。
ここで本気で腹の中の不満を根こそぎ反省して、
「ごめんなさい」を出してみる勇気が大切な生き様であることを
伝えておく。

お釈迦様からの伝言であるので、

心にしっかりと入れておいてもらいたい。
好機が始まって笑うのは君自身である。

解説

今を生きるは仕事が命

阿難陀

過去を見つめ、語っても食の足しにはなりません。

だったら未来はというと、これも一秒先も見えないのが現実であり、誰も覗くこともできません。たとえ聖人であっても不可能なことだと言っておきます。

人間の命の源は食です。食事こそ命の営みであることを心に置いてほしいのです。

しかも、その食事も命の薬と思ってみるのが一番腹に入ってきます。

一食の薬が気力も、体力も、笑うも、泣くも、恋するも、愛するも、全ての役目の燃料となっているのです。

さらに突きつめて考えてみると、「食の源は何であるか？」というところに行き着きます。

全ての人が何かしらの仕事についています。どんなに苦しい仕事でも喜んで全うしている人は、いかなる食でも嬉しそうに食しています。実にほほえましい。

一方、自分に与えられた職を投げ出している人もいます。

一日中不平不満を洩らしている人もいます。

これを言い換えれば、食べることを無視していることになります。

仕事は自ら進んで働くところに喜びが生れるものです。

また、人様から頼まれると喜びも倍になるのです。

そして、いい気持ち、いい食の場、すなわち命の場を見ることができるのです。

どんな仕事でも「命のため」と思ってほしい。

不平不満を言う理由など、どこにも無いことがよくわかります。
無事に命の河を真剣に渡ってほしいのです。

もう一度言っておきます。
「不満は大敵なり」

20

愚痴は人を亡ぼしている

沢庵和尚

「愚痴」といっても、色々な見方がある。
何かがままならぬからと言って、「仕方がない」とか、
「俺は駄目だ」といった実のない愚痴が、
世の中ではとても多く見られるが、
この低度愚痴は取るに足らない世迷い言である。

自分の無智を棚に上げて、いいとか悪いとか、
自分がままならないことを貶《けな》すこととか、

理論に合わないことを押し通すとかを示すものである。
世の中で一番目立つのは「運命のせい」にして逃げている愚痴である。
人間、この逃げを無くしていくと明るい幸せ道が待っている。

自ら智恵を磨き、自らよき人生をつくるべし。
幸せ道は自分の手でしかつくれないし、
歩むこともできないことを、しっかりと心に止めておくべし。

解説

愚痴は人を亡ぼしている

沢庵和尚

自分のままならないことは、何も他人の所為でもなく、ことに「運命の所為でない」と沢庵和尚は力を入れて説いておられますが、その通りです。

私の友人でも、事業に失敗して訪ねて来た時の台詞《せりふ》が運命論でした。「俺には運がないよ」と。

親からの財産を当てにしていたようです。それが全く自分に入って来ないことを運命の所為にしていました。

よくよく聞いてみると、親は他人との協同事業をしている人でした。だから個人的には入って来ないのが当たり前なんですが、本人は本気で運命論を長々と語って、自己の失敗を塗りつぶして、資金を借りようという考えでした。

この運命論に逃げ込む心をなくさないと、本当の快道には出られないと沢庵和尚の話を思い出し、彼にもこんこんと言ってやりました。
この話が腹に入ったのか、「俺、一からやりなおすよ」と明るい顔で帰って行ったのが何よりの助けでした。

◆沢庵和尚も流罪を経験

沢庵和尚（1573～1645）は安土桃山時代から江戸時代前期にかけて活躍した禅僧で、本名を沢庵宗彭《たくあんそうほう》といいます。臨済宗大徳寺派大本山 大徳寺の住職をしていましたが、紫衣《しえ》事件に抗議した罪で出羽国（現在の山形県・秋田県あたり）へ流罪となりました。紫衣事件とは天皇が幕府の法度を無視して出していた大徳寺、妙心寺などの僧に対する紫衣着用勅許の綸旨を、江戸幕府が無効であるとした事件です。釈放後に江戸で萬松山東海寺を開き、書画や詩文、茶の湯にも通じたほか、多くの墨跡を残しました。

【沢庵和尚の名言】

❖ 強い人は皆優しい。

❖ 一事を成さんとするなら本心一途にしたほうがよい。

❖闇を知らぬ者に光もまた無い。闇を抱えて生きろ。

❖認めてしまえ、ありのままのお前を。修行はそこからだ。

❖お前の生きる道は、これまでもこれから先も天によって完全に決まっている。それ故に完全に自由だ。

❖一枚の葉にとらわれては、樹は見えん。一本の樹にとらわれては、森は見えん。

❖どこにも心を留めず、見るともなく全体を見る。それがどうやら「見る」ということだ。

20 | 愚痴は人を亡ぼしている　沢庵和尚

21

自己顕示欲

一休禅師

これは自分を偉く見せたい心の垢《あか》のことである。
人間、ちょっと芽が出てくると、自分の学びはそこそこで、
まだまだなのに、胸を張るより先に肩を張って見せる性が
出がちなものだ。

これは昔も今も変わらないような気がする。
儂《わし》が生きてきた室町の世でも目に余るものがあった。
人を導く職にある僧たちが、着る衣の色で階級を表す
しきたりがあったのだが、

それをいいことにして、我を先にとやたら赤《ひ》の衣、紫の衣と競い合ったもんだ。

儂なんぞは墨染の衣が大好きじゃったが、
右を向いても左を見ても赤争いの僧ばかりじゃ。
そして、「自分は高僧である」と言わんばかりに街中を歩いているんだ。
一般の人々は偉いお坊様と思い、お布施も張り込んだものだ。

それだけじゃない。
自分の知っている僧が自分より上の階級の衣を着ると、
すぐに「嫉妬《しっと》」して相手の欠点を吹聴《ふいちょう》して足を引っぱり、

復讐心《ふくしゅうしん》をむき出しにして、
とても醜《みにく》い様を曝《さら》け出していたのじゃ。

これは大きな大きな負の有様としか言いようがない。
こんな場面に出合ったら、相手にしないことが一番の得策であり、
自分の反省材料にするがよい。

解説

自己顕示欲

一休禅師

いやはや、一休さんの時代でも現代と同じようなことが多く見られるのにはびっくりしました。人々に尊敬されているはずの僧侶達までがそんな自己顕示欲を出していたとは、人間の浅ましさはいつの時代でも同じですね。

自己顕示欲は最近の政治家にもよく見られます。

選挙や金集めの時だけ人々に頭をペコペコ下げていますが、いったん立場が上ると見向きもしない人の多いことといったら。呆れている市民も多いように思われます。

かと思うと、日常でも会話の中ですぐに人の名前を出して、さも自分のほうが偉いとばかりに横柄にふるまっている人に出会います。

人間は中味が大事です。
自分の素晴らしさは友達や周りの人々が認めて初めて光るものです。

22

心の休みが大きな力

一遍上人

人間は、ちょっとしたことにでも気にしすぎる傾向がある。
それに体を休めることはすぐにできるのに、
「心を休める」ことはなかなかできないのが現実だ。

何か一つのことを考えすぎると眠りまで悪くなっている経験は、
誰にでもあるだろう。

日中に嫌な人に会った時とか、
自分に都合の悪いことがあった時などは、

特に眠りにくくなってしまっている。
どうしても「眠れない」と思うほど、目が覚めてしまったことも
あるだろう。

人との言い争いなどは、特にいつまでも引っ張るものだ。
これは「心の安らぎ」、
即《すなわ》ち、心の休みができていないからである。
日常のちょっとした「ひとこま」であるが、
これも度重《たびかさ》なると大きな命の負担になってくる。

「心の安らぎを得たい」と願えば願うほど、
心の迷いが消えていかないのが心の呪縛というやつじゃ。

心の執着であると言っておく。

簡単に言うと、
この呪縛は自分でしか取り除くことが
できないものなのだから、
「考えすぎない」こと、「意識しない」ことが
解決策である。

解説

心の休みが大きな力

一遍上人

人としての日常には付きもののような心の問題ですが、人間、「気にするな」と言われると、余計に気になるものです。

人と言い合って争った後などでは、「あの野郎！」と思っていても、「いやいや忘れよう」と思ったり、すぐ「でも……」が出てきたり、心の中で心がかけっこしていることなど誰もが経験していると思いますが、一遍上人は「意識しないように」と言っておられます。

でも、人間、「意識しない」という心の柔軟さを持つには、大変な努力がいると考えます。

ここで提案ですが、脳の中を空っぽにするには何か楽しい思い出などで「にんまり」したほうが、柔軟さが生れてくるような気がします。

私が若い時に体験したことですが、悩みで心の中が定まらない時や眠れない時には、自分の好きな人、愛している人とのデートなどを思い出してみたら意外とうまく眠れたことがあります。また、仲の良い友達と羽目を外して遊んだことなどを思い出すのも有効でした。

大好きなゴルフの調子の良かった時とか、ホールインワンを出した時のことなど、楽しかったこと、優越感を覚えたことなどを思い出すことで、執着から抜け出した覚えがあります。

ともあれ、自分に都合の良いことなどは、心に柔軟さをつくるのにとても良い体験だと思っています。これなら皆さんもすぐに実行できる修正術ではないかと思います。よって実践しか有りません。

23

宇宙の大気は大切な親だ

栄西禅師

理論や難しい学問よりも、
人間にとって大切なものがある。
それは、この宇宙にある空気である。

ひと呼吸たりとも欠かすことのできない大宝である空気、
それを胸一杯にできていることを当り前と思っているが、
この大気こそ宇宙生成の根源である。
「今日も元気だ。空気が美味い」と、
感謝の心で日々を過ごすことが一番賢明である。

空気の恩恵を受けているのは人間だけではない。
草木も小鳥も犬も、すべての生きとし生けるものは、
空気無くしては元気も何も出ないし、
存在もしないと言っておく。

日々を元気で健康に過ごしたいなら、
朝一番に大空に向って深呼吸をしてみたまえ。
頭の中にエネルギーが満ちあふれるのがよくわかるだろう。

この生命の存続を深呼吸によって、
心に明るい目的を描いてみてほしい。
何とも温かい平和の世界に身を置く幸せが

ひしひしと感じられること、間違いなしである。
地球の素晴らしい朝の一時、大事に生きるよう願っています。

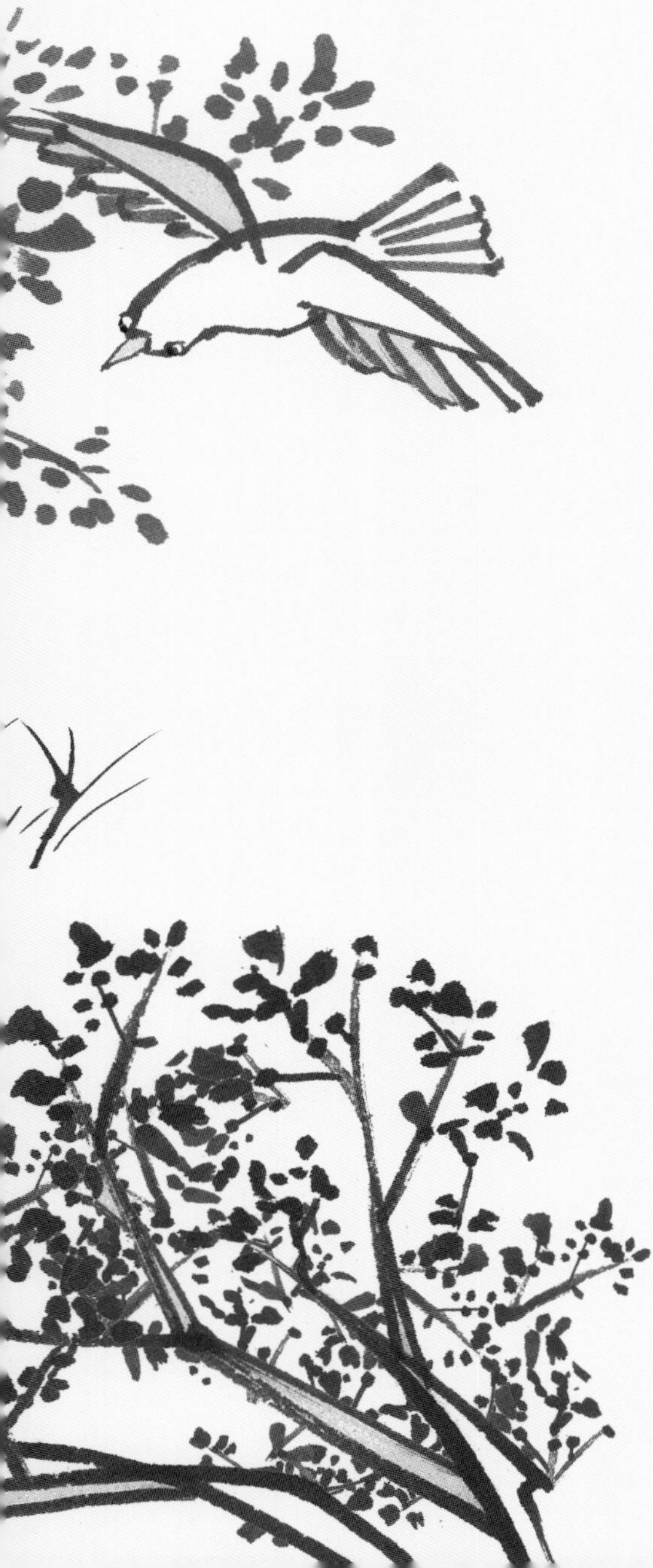

解説

宇宙の大気は大切な親だ

栄西禅師

空気を自由自在に吸っている我々人間は、そのありがたさを忘れてしまっています。

余談ですが、私は今、グリーンクロスインターナショナルの日本代表をやっていますが、熱帯雨林の大切さと空気の大切さを訴えて歩き始めた頃、各企業の方々に理解してもらいたくて、世界の会長であるゴルバチョフ氏の講演のお誘いに行きました。その時、「空気なんていくらでもあるじゃないか。今さら何を言っているんだ」と鼻先で笑われたのです。

ことにアフリカのブルキナファソの砂漠化をくい止めて、よい空気を生み出そうという計画では、話さえも聞いてもらえない状況でした。

そんな時代がありました。しかし、今そのつけがまわって来たかのように、二酸化炭素の問題で世界中が頭を痛めています。

栄西禅師の言われる、深呼吸もままならないような現実を、みんなで打開していきたいものです。

心ある地球戦士となって大気を守りましょう。

24

雲の流れは自在で無心

良寛

大空の雲は、東風《こち》吹けば西、
北風吹けば南と自在に流れている。
しかも何の執着もなく、無心に、
色々な形に姿を変えて人の眼を楽しませてくれる。
自分もあの雲のように、自在で無心でなくてはならぬ。

人間、過去の壁にとらわれたり、
見ることのできない未来のことを考えたり、
無意味なことで時を無駄にしている。

それだけではない。自分の勝手な思い込みで、
善いとか悪いとか決めつけている場合もよく見られる。
ある時、一人の修行僧が、我が門を叩いたことがある。
旅で疲れているようだった。
昼飯に味噌汁をつくり、腹一杯食べてほしいと差し出したのだが、
この汁椀を覗き込んで「立派なお野菜ですなあ……」
と何かを聞きたい様子だったので、
「何か気に入らない物でもありますか？」と尋ねたら、
「玄関先の火葬場の近くに青々とした野菜がありましたが……」
と口を濁らせたのだ。

「その通りだ」と答えると、
「それは不浄な場所の物ですから遠慮したい」と言い出したので、
一言、言ってやったのじゃ。
「人の大便小便で育った野菜と、火葬場の近くで育った野菜と
何の違いもあるまい」と。
そして、心のこだわりを無くするように説いて聞かせたんだよ。

人間というものは、目で見たり、耳で聞いたり、
五官での執着や思い込みが多いようだ。
大空の雲のように、自在で無心の心がほしいものだ。
いや、そうあるべきことが禅道と言えよう。

解説

雲の流れは自在で無心

良寛

一口に「自在で無心であれ」と言うけれど、現実を見るとなかなか難しい修行であると感じました。

例えば、お腹がペコペコの時は、ちょっとしたいい匂いが流れてきても、お腹の虫はグーグーと鳴り出します。周りに人がいると聞こえるのではないかと思うほどの経験を私もしたことがあります。

落語でよく聞く、長屋の住人が隣の鰻屋からただよってくる匂いをおかずに飯を食って我慢したという一席など、笑いながら聞きますが、実際に我が身に置きかえて考えると、長い人生の中でよく似た場面を思い出すものです。

私がまだ学生の頃の話ですが、四国の田舎から出てきた若者にとって、都会の飯の量では腹を満たすことができなくて、あれこれと工夫したものです。「背に腹は代えられぬ」と言いますが、あまりの空腹に耐えられず、寮のそばにあった芋畑からちょっと失敬したことを思い出します。

また、食堂でご飯だけを大盛で頼んで、無料のソースをかけ「ソーライ」だと痩せ我慢を張ったことも思い出します。

ひょっとしたら、この我慢も心の切り替えであったのかもしれません。とにかく、つまらない背伸びをするより、工夫する智恵を生かすことが自在心につながるような気がします。


実社会の荒波の中での無心はとても難しい業《わざ》です。

自分は自分なりに何かに「置き替える」ことも一つの技であると思います。

また、昔の人の言った「水腹も一時」も生きて使えるように思うのです。

良寛さんの教えの如く、善い方へ物事を考えることの大切さは、人生の処方践としてとても大切だと言っておきます。

25

今を使い切れ

栄西禅師

学びたるものは教え、教えられたものは実動する。
これが本当の絆というものだ。
いかなる立場であっても、世の中では知らないことも数々ある。
わからない時は知ったかぶりをせず、素直に教えを乞《こ》う。
腹に入ったら実用するのが世の習いである。

朝の「おはよう」に対して「おはよう」で返すのも、
心の通じ合う一つの礼儀である。
ごく平凡に見える挨拶、「たかが挨拶くらい……」

と軽くあしらう人がいるかもしれないが、
人と人との絆の大元と考えれば、そう軽くはとれまい。

修行というのは、仰々《ぎょうぎょう》しく考えすぎると、
形ばかりで中味のないものになってしまう。

あの山にかかった雲が、風で去った後を見てみよ。
美しい山の姿、松の緑、
それぞれの木々や花々が心を楽しませてくれる。

それと同じように、貪《むさぼ》り心という雲を払え。
怒りを払え。

執着を持つな。
そんな生き場を、今ある現世でやって退《の》けよ。
人間の持つぶざまな煩悩というやつを、
まずは取り払うことが心の浄土である。
過去も未来もない今が、大行場と知るがよい。

解説

今を使い切れ

栄西禅師

雲がかかった山の例え、とてもよくわかる表現だと思います。

私達が日常でよく見かける自然の美しさです。

それ故に腹にも入りやすいのだと思います。


列車などで旅をしていて、車窓に美しい山々の風景がとび込んできた時の嬉しさ。あの感動を誰もが味わったことがあるでしょう。

そこに桜があり、紅葉があり、夕焼けがあり、若葉青葉がある。

全く至福の一時です。

日頃の生活の垢が自然と流されるような一時です。

そんな至福の一時は、貪り心という雲を払ったときにやってきます。「今を使い切れ」という栄西禅師の言葉から、心の中にはいつもどんなものでも受け入れられる「今」があると学びました。

我々人間は、社会が複雑であればあるほど盲目になってしまうのでしょうか。今日から「今」を常に心に置いて、よい社会づくりに励み、人の仲間入りをしたいものです。

26

片付けは人間修行なり

一休禅師

「掃除は心を鍛える幸せへの大修行」
と言われてきたことが身にしみていた私は、
「きっと世の中が捨ててはおかない……」と思いながら、
持っていた「にぎり飯」を道端で出会った人に差し出し、
元気づけて別れたものだ。

それから十年も過ぎた時のことである。
法要の帰り道で腹痛にみまわれて困っていた時、
一人の大旦那が通りかかって手を貸してくれた。

旦那の家まで連れて行ってくれての介抱であった。

お陰で元気を取り戻した私の顔をじっと覗き込んで、

旦那が「もしかしたら、私が道端で死体を焼いていた時に出会って、

にぎり飯をめぐんでくれたお坊さんではないでしょうか?」

と聞いたのである。

そう言われて旦那をよくよく見てみると、

顔にというより、その物腰に記憶がよみがえってきた。

私があの時、心に思った通り、

その人は立派な商人にまでなっていたのだ。

私の言いたいことは、身のまわり、世の中の掃除は、
人間修行の大切な課題であるということだ。

言うまでもなく、その時の思い出話は朝まで続き、
翌朝、心残りのまま別れたことを話したかったのじゃ。
長くなって、すまないのう。

片付け掃除は人間修行なり。

解説

片付けは人間修行なり

一休禅師

人はいかなることがあっても希望や目的を捨ててはならないことがよくわかるエピソードですね。

しかし世の中、自分のことも絶望に近い時には、人間、このせち辛い現実を乗り切ることがなかなか難しく思えます。ことに、自分の喰うことで精一杯の時は、世の中のことなど目にも入らないのが当り前ではないでしょうか。

私は第二次世界大戦の時は少年でしたが、空襲での惨事にいくつも出遭いました。

昼弁当を持って学校に来ることができた生徒は、クラスのほんの三分の一でした。その三分の一も、芋弁当の人が半分はいました。

「家に食べに帰ってくる」と言って、実は近くの川辺で時間をつぶしていた友達が多くいたことも事実です。

家に帰ってもタンポポの入った芋雑炊くらい。

それすらなくて道ばたのスカンポをかじってお腹を満たしていた友も……。

そんな辛い思いをした友達の、その後の状況を探ってみたことがあります。

やはり、絶望した友達は伸びていませんでした。

食うや食わずで、丁稚奉公《でっちぼうこう》から見事に立ち上がった友などもいますが、今でも腰の低い友人たちです。

その人たちは同窓会の時など、自分でできることは自ら進んで「させてもらうの心」で当っていたことを、今さらのように思い出します。


一休禅師、ありがとう。

いいことを思い出させてくれて、心が洗われました。

27

進歩のために悩め

一遍上人

「考える葦」と言われて、
人間は生物の長《おさ》として長い間この地球という大地を支配してきたが、
その中に自分達で自由にならない物も多々ある。
どうにもならないことも数知れないほどある。

そして、まだ何にも結果の出ていない問題まで悩んでいる姿は、
とても滑稽でならん。
その最たるものが、人間がどうにもならない「死」という問題だ。
生あるものは、必ず死という道を通らねばならないのが

大自然の法則だ。
東に顔を出す太陽は、一日が終る時は西の空にある。
このことで誰も悩んだりはしないだろう。
「死」という運命も全く同じだ。

そこで言えることは、人の道筋、仕事の道筋などは、
数え切れないほどの失敗の上にあるということだ。
このことを忘れてはならん。

何事も一流となるには、失敗のないものは「無」と言って
よいであろう。

それを計画の時から悩んでいては、
物事が一歩たりとも前に進むことはできまい。

生死のことあれば、「元気」なるをありがたいと感謝を先とし、
それこそ命がけで全力を注ぐべきであろう。
仕事なら、今手掛けていることに全身全霊を注いでこそ、
また次への名案も出てくるというものだ。
そして、仕事のあることに感謝をしてこそ大前進の元となる。

また、先人たちを敬うことが人間としての愛である。
この世の中で先人たちの世話になっていないものは何一つない。
長い歴史の中での進歩を一つでも多く、

次の世代へと継いでいく大役を忘れてはならない。
悩むなら、こうした大局をしっかりと見つめているかどうかを悩め。
自分の足で歩いて悩むのだ。
そうすれば、そこに新しいものも生れ来る。

人間、限られた生き時間だ。
それも、いつ終りを告げるか知れない命の持ち時間だ。
誰一人として、自分に割り当てられた時間を知っている者はいない故、
「今のこの一時が大変大事な一時である」と、
あえて言っているのである。

解説

進歩のために悩め

一遍上人

進歩のための悩み、ちょっと考えたら、「そんなものあったかなあ」と思うようなもので、一般的に気付くことは少なく、日々の行動の中で見付けにくいものです。

そんな馬鹿げたことと一笑に付してしまう人も多いかもしれません。

それでいて、身近な人が息を引きとったら、とたんに「死」という出来事が脳裏から離れなくなるのが現実です。

故人との想い出の場所、想い出の遺品など見るたびに無駄な時が過ぎていることを知っていますか。

一遍上人はそんな時の時間の内容が「無」なのか、あるいはそれを土台にした

「進歩」なのかを言っておられると理解しています。確かに身近な人の死に接して、おいそれと通常の日々に戻ることが難しいのも現実でしょう。

普段とても優しくて可愛い娘が、イライラして仕事が手に付かないような様を見かけることがありますが、これも上人の言われる無駄な進歩のない「時」と言われても仕方がない行動でしょう。

世の中の仕事場を覗いてみると、尊い一日を朝からお茶とおしゃべりで終っている姿をよく見かけますが、これも給金を頂いている大切な時間だと、頭の中で整理できているでしょうか。自分の仕事を自分で組み立てている人が、果してどれだけいるでしょうか。

国民からの大切な税金で運営している国会で「居眠り」など、とんでもない大罪です。

「こんな些細なこと」と考えずに、国の発展のために、国民が喜ぶことで大切な「時」を使ってもらいたいものです。二度と返って来ない大切な時を無駄に過ごしているのも「貪り《むさぼ》」の大罪ではないでしょうか。

自分の貪り心のための戦争、どこに人類の進歩があると言うのでしょうか。

これも、限られた命の中の出来事です。

即、反省の種ではないでしょうか。

イライラ
オロオロ

28

言葉についての戒め

良寛

一、言葉の多い不快
二、話は長くなってはならぬ
三、手柄話は不用
四、生れや身分の話は不用
五、人の話は聞け
六、安請け合いはするな
七、物をやる前に「やる」と言うな

八、物をやったことを人に言うな
九、よく知らないことを人に教えるな
十、悲しみの場で歌うなかれ

十一、人様の「秘」を語るな
十二、目下の人を軽んじるな
十三、部下に荒い言葉は使うな
十四、心にないことは言うな
十五、人の欠点は自分の身に置け

十六、人の長所は盗み取れ

十七、笑いながらの言葉はわかりにくい
十八、難しい言葉は使うな
十九、へつらい、こびるは騙《だま》すと同じ
二十、厳しさの時は愛情を持て

二十一、話には流れが大切である
二十二、相手の目を見て話せ
二十三、自分の言葉に相槌は禁物
二十四、声の大きさに気をつけよ
二十五、話す時の自分の顔を知っておけ

いやはや、まだまだあるが、
とにかく日常を明るく楽しく過ごすためには、
常に周りへの気遣いを忘れてはいけないい
ということである。
世の中は礼節でまわっている。
いかなる立場、いかなる場面であっても、
礼節ない時は一時もなしと言っておく。
礼節なき人は人にあらずだ。

解説

言葉についての戒め

良寛

言葉といえば、世界中で一番難しいのが日本語だと言われている。確かに英語の場合は二十六文字の組合わせで全部、事が足りている。それに比べると日本語は複雑で、字の数も多すぎることは一目瞭然である。

一、日常の会話を聞いていても言葉数の多いことは事実である。下手をすると、何の会話かわからなくなることさえある。「おしゃべり」は楽しいだろうが、「過ぎたるは及ばざるが如し」である。慎むべし。

二、長話は相手のことを考えていない証しである。相手の時間や用件が他にあるかもしれないことを思いやれ。

三、巷では常に耳ざわりになるのが手柄話である。それも大半が、聞かれもしないのに、本人は得意になっている場合がほとんどである。それに時間の無駄になることもはっきりしている。

四、手柄話に勝るとも劣らず多いのが、生れや身分の話である。これも今を生きるのに何の役にもたたない時間つぶしである。

五、会話は人類のコミュニケーションの最大の武器である。それに耳を傾けないのは自分の人生を捨てているようなものだ。

六、人の話を聞かないのと同じようなものに「安請け合い」というのがある。自分にとっても相手にとっても大変迷惑なことである。約束は信頼キップが付き物だ。友をなくしたことになるので気をつけるように。

七、人様に何か差し上げる前に「何々を差し上げますから……」と言っている場面をよく見かけるが、これは「無礼」の最たるものである。

八、前項と同じことで、人様に物を差し上げたことを他の人々に言っている場面を見かけることがあるが、とても耳ざわりなものである。恥ずかしいと思え。

九、自分の智識の中にないことを人様に教えたり、言ったりすることは言葉の詐欺である。

十、言葉と同時に歌を口にすること（鼻歌）は、場所を心得るべし。悲しい場面や人が眠っている場面、大切な会合……、と色々ある。よく考えてみよ。

十一、人様が話してほしくないことを口に出してはいけない。余談だが、人間は天《あま》の邪鬼《じゃく》に生れている。他人が隠していることをわざわざしゃべりたくなるようであるが、これも慎むがよい。

十二、昨今の社会を見まわすと、上司が部下を馬鹿よばわりしている姿をよく見る。部下とて一人の人格である。気を付けるべき大きな社会問題だ。

十三、同じようなことで、最近荒い言葉が多く耳に入ってくる。おそらくテレビなどの発達で「聞き知り」をしているのだと善意に思うが、たとえそうであっても慎しむが処生術だと言っておく。

十四、また、その場の思い付きで言葉を発している場面を見かけることも多々ある。社会を私物化しているようなので、これも慎んでほしい。

十五、昔から「人の振り見て我が振り直せ」という諺があるが、全くその通りで、他人の言動に自分の振る舞いを照らし合わせて、自分の欠点かもしれないところは改めるがよい。

十六、前項と反対に、人様の良いところはどんどん取り入れて自分の物にせよ。

十七、最近よく見かける場面だが、会話をしながらやたらと笑う人がいる。雰囲気はよいが、笑っているのか話しているのかわからないような話し方をしている。本人は楽しくやっているつもりだろうが、聞く方は何のことやら通じていない場合が多々あるので、心当たりの人は修正してもらいたい。

十八、最近、難しい言葉をわざわざ選んで会話をしたり、講演をしている人が多いように思われる。これは自分を偉く見せているに過ぎない行為だ。謹め。

十九、へつらっている場面、こびている場面が日常のあちこちで見られる。詐欺が公然と行われているように見える。ことに金銭の貸し借りの場面が多く見られる。

二十、世の中で厳しい言葉を必要とすることも多いが、その時は愛情をもって会話をするがよい。

二十一、何でも話すことが多くなった世の中であるが、話には流れというものがある。心得るべし。

二十二、話す時の姿勢であるが、相手の目を見て話すを身につけよ。

二十三、また、自分の言葉にいちいち相槌を打っている場面を見かけるが、これは見るに忍びない姿である故、修正してほしい。

二十四、声のボリュームだが、場所をよくわきまえて声の大きさを決めるように。自分のためである。

二十五、自分はどんな顔して話しているか。一日に一度くらい、鏡と見合いをしてごらん。にっこりしてね……？　良寛さんが喜ぶよ。

程良さ
信頼
慎み
愛情
わかりやすさ

29

花を咲かせて喜べ

伝教大師

いつの時代でも人間には「自分を良く見せたい」という心の驕りはあるものです。ほんの少し自分に良い風評があると、鼻を高くしている人たちの姿は目に余るものがあります。

それに対して、自分への風評が悪いと他人の所為《せい》にして、涼しい顔をしている人も、またまた多いことにびっくりします。

慈悲の学びをしている我々の世界でも、「他人を立てたり」、「他人の花を咲かせる」ことは難しい課題です。

教えの本の中にも「悪事を己に向け、好事を他に与え、己を忘れて他を利する」とありますが、これをいざ実行してみると難しさが先に立ってしまいます。

人間の心の迷いというものは、正せそうで正せないことがとても多いことに気付きます。

「自分を良く見せよう」という課題は四六時中ついてまわる人間の罪の一つと見るべきです。

自分が良い子になっている姿は、本道から見ると全く醜い哀れな亡者の姿です。

人を立て、人の花を咲かせ、人に輝きを与える行為、自分を踏み台にしても他人を押し出す余裕こそ、真の優しさと言えます。

こんな風に言うと、まるで偽善論に思えますが、世の中の成り立ちを見ていると、いずれの時代でもこうした他を立てる行為が花を咲かせ、世の中に勢いをつける大きな原動力になっているようです。

そして、このことは時代を超えて同じであり、幸事をもたらしていることも付け加えておきます。

解説

花を咲かせて喜べ

伝教大師

伝教大師は「自分を差しおいて他人を立てよ」と言われますが、なかなか難しい課題です。

人の日常はスポーツのように勝ち負けがはっきりとしていませんし、その時の事情で絶対に譲れないことも多々あります。

また、複数の答えが考えられる場合など、「どっちつかず」になることもありますし、そこには人情とか義理とかが絡んでくる場合もあるでしょう。

こうしたいかなる場面でも「相手を立てる」ことを心の中心に置いて対処していけば、人生は争わないで済むというのが大師の教えだと思います。

常々の会話で「まあまあ」とか「そこそこ」といった言葉を使って話をぼかして

すませるのも、私の体験の上からしても有効な処生術だと思います。

また、はっきりと「駄目」と言うべきことを、「また後日に……」と体を躱《かわ》した場面を見たこともありますが、これも争いをうまく避けた例であります。

とにかく「相手のことを立てる」という心構えを持って社会に対応すれば、全てが円くおさまることは間違いなしとの教えだと、この場で腹に入れてください。

30

思いやりは明るい生き場

達磨大師

人間は、一人で生きているのではない。
常に何かの反応があって、
全ては共鳴し合って成り立っている。

一つの音にしても、その響きが共鳴し、
重なり合って次の現象が生まれ、
それがまた次の現象へとつながっている。
その間の微妙な変化が織りなして潤いが生まれ、
この変化によってその中に在って、

世の中は時を送っているのである。

「おはよう」と言えば「おはよう」が返って来る。
それも、発した声が明るいか味気ないかで反応は大きく
変わってしまう。
声が明るければ明るい響きの「おはよう」が、
味気なければ味気ない響きの「おはよう」が返ってくる。

川の流れとて同じだ。
源に一滴の水が集まって大河となることは言うまでもないが、
この一滴が濁っていると流れは濁ってしまう。
清ければ清き流れとなる。

人の世界も同じように見える。
上に立つ者が邪な心《よこしま》であれば、
下の者まで邪になって濁ってしまう。

この人間の「反応」の善し悪しで世の中の流れも変わるが、
一人一人を取り挙げてみても、
「反応」の善し悪しが人生を左右しているとみるがよい。

「自ら清き者は自ら清む」「自ら悪しき者は自ら汚れる」。
これが人の生きる原則である。

常に言う「思いやり」であろうかと思う。
「思いやり」とは相手を立て、
相手の心をいち早く読み取ることでもある。
思いやりから爽やかな場が生れることはごく自然であり、
そこに信頼という絆の生れることも間違いなしだ。
よくよく腹に入れよ。

解説

思いやりは明るい生き場

達磨大師

人が醸《かも》し出す「思いやり」は日常の無意識の中から生れています。

相手がにこやかであれば、自然とその場がにこやかな場となるであろうし、笑いも大いに出てきます。

渋い顔つきの相手であれば少し気の張った場となりますが、これも明るい言葉と表現を心得て当ることで、その場を明るく引っ張ることができると考えてよいでしょう。

ちょっとした気軽さが場づくりに大切であると思います。

朝の出会いで「おはよう」と挨拶をする時、何か考えているでしょうか。

おそらく無意識であることがほとんどではないでしょうか。この無意識が相手にも自然と伝わるのです。人と人の反応は自然法則のようなもので、その場をつくり出すのに絶対に必要な心の動きなのです。

大師の言われる「自ら清き者は自ら清め、自ら悪しき者は自ら汚れる」という言葉は、若い頃、道場で、毎日みんなで合唱したものです。

自分が邪《よこしま》な心で立ち向った時は、必ずと言ってよいほど「怪我」がつきもののようです。私自身の経験では、ある時、相手が「生意気」だと思っただけで大怪我をしたことがあります。よき教訓であると、今も心に残っています。

大師のお言葉、今なお実行していることの一つで、毎日、朝起きた時はこの教訓を声に出して言い、自分の心を引きしめています。

31

人を救いて我が立つ

空海

社会を救い、人々を救い、
野にある草木にまで心をかけながら日々を過ごしている人は、
とても温かい心の持ち主であり、自然と自分自身も成長している。
例えば、酒に酔って前後がわからなくなっているような人に対しても、
心を尽して手助けできる人は、自然と自分自身の心も洗われている。

人の難儀を自分事のように思って世話をすることのできる人こそ、
この世の天使と言っていいだろう。
そのような人たちの心の中には、

「世の中が幸福にならなければ自分たちも幸福になれない」
という信念が見える。

一般の世の中では、人がどんなに困っていても、
知らぬふりをしている人が大半であり、
それどころか気遣っている人々を嘲笑《あざわら》う人さえいる。

私が遣唐使として船に乗って唐に赴《おもむ》いていた時のことだった。
大嵐に遭い船が難破した時、中に泳ぎの達者な人がいた。
その人は荒波にもまれながらも、流されていた板切れを拾っては、
溺れそうになってもがいていた人たちに渡していた。
その姿はまさに生きた菩薩の姿であった。

思わず手を合わせたものだ。

何とか命拾いをした人たちと共に旅を続けることができたのだが、
右も左もわからない長旅の道程《みちのり》たるや気の遠くなるような旅であった。

唐に着いてからも、その旅は厳しく、
途中で病いに苦しむ者あり、怪我人あり、命を落とす者も出た。
だがその都度、どういうわけか医者が通りかかったり、
ほどよい助人《すけっと》に出逢ったり、
神仏の加護としか言いようのない場面が多くあった。

まずは、片言のような現地語を気持ちよく理解してくれた人々に

感謝だ。

見知らぬ外国人の我々によく尽してくれたことがありがたく、また大いに学びになった。

これこそ真の救いだと心に置いての旅が始まった。

わざわざ地理を示してくれる人、難しい峠を案内してくれる人、川の渡しをしてくれる人、食べ物を提供してくれる人、こうした人たちのおかげで不自由であるはずの旅が好転していった。

そのたびに遠く故郷で案じてくれている人々にも頭を下げ、手を合わせる毎日であった。

それにしても、どの場面でも「人に尽す」ということの

学びばかりであった。
これは大きな教えの第一歩と気が付いたことに自分ながら
にっこりとしたものだ。
この国の人たちは我々より早くから、
「尽すは人のためならず」を実行していたのである。

この教えが都、西安《せいあん》にあっても、
また日本に帰ってからも、全国を歩いた時も、
全て大役を果してくれたことを言っておきたい。

もう一度言う、「尽すは人のためならず」だ。

解説

人を救いて我が立つ

空海

人々を救う行いが、いかに尊いことかがよく解る空海さんの苦労の数々が、手に取るようにわかりました。

人救いは人のためでなく、自分が救われていることが、一つ一つの場面で教えとなって伝わって来たと思います。

自分の幸福も、世の中や他人の幸福も変わりないんだなあと、心に入ってきます。一つの輪の中なんですね。

私も世界のNGOの一員である限り、「世の中に尽しきる」ことが、いかに大切かということがしみじみとわかります。

身近なごく当り前のことからやりましょう。

ゴミ拾い一つでも大奉仕です。

お年寄りの手をひいて道を渡すのも大奉仕です。
一つずつ「徳」が重なって幸せの大海となることを教えていただいて、思わず
笑顔がこぼれます。
ありがとう、空海さん。

32

人の運は努力と根気だ

田中角栄

運という代物《しろもの》は、
勝手にどこかから転がり込んで来るものではない。

巷を見ていると、良いことがあったり、
物事が気持ちよく進んでいくと、
「運が向いた」と言っている場合が多いが、
自分の思うように事が進まない時は、
「運が悪いから」と自分の力とか努力などは棚上げしてしまっている。
「よくぞまあ身勝手なやつ」と言いたいくらいだ。

とにもかくにも、自分の思うようにならない時は「運」のせいにして、
事実をうやむやにして、
いい子になって逃げている姿の多いことにもほとほと呆れたものだ。
自分の都合よくことが運ぶと、
今度は自分の大手柄にして威張っている。
これも呆れて、声も出ないぞ。

かなりの実力があっても、
一つの運という好機に巡り合わない限り、
事がうまく運ばないことも、これまた多いのが世の中だ。

さればどうしたら運を自分のものにできるのかということになる。

その第一は、「努力」という行為である。
汗を流し、歯をくいしばっての努力が、
一つずつ積み重なってこそ運を自分に引き寄せる原動力となる。
そのための根気というものも忘れてはならん。

物事に対しての勉強も、人一倍にやらねばならん。
こうした運を呼び寄せる下地があって、
初めて自分の手元が自在力をつけることを、
しっかりと腹に入れるべきだ。

そうだ、運を捕まえるには、無手勝《むてかつ》では手元に入って来ない。
運を自分のものにするには、それなりの努力が必要であり、人一倍の根気も必要だ。

自分が進む道の勉強も、
誰よりも努力してこそ好機が生きると知らねばならん。
世の中、棚から牡丹餅《ぼたもち》を期待してはならん。
そんな薄っぺらい運気を当てにしていると、大怪我の元だ。
ただの「烏合の衆《うごうのしゅう》」としるべし。

信じるは、自分の手足である。
努力も根気も学びも自分の手足が何よりの頼りだと、
わしの経験から言っておく。

自分の手足こそ、
尊い処方戦士であることは誰よりも体験している。
自分の手足にこそ、
頭が下がることも日々である。

解説

人の運は努力と根気だ

田中角栄

角栄先生、自分の努力が運気の呼び込みであると言い切ってくださって、ありがとうございます。

今は努力もしないで幸福論ばかりを言っている人がとても多い時代です。

努力の必要さを無視している行いも多々見られます。

話の上では、今にも大幸運が転がり込んでくるように、しかも堂々と宣《のたま》う様の醜さ、それが街の角々で耳に入ってきます。

ついこの間も、ある宴会に出席していた時、私の隣りの席で大演説している人がいました。聞くに忍びない「大ぼら」でした。

ちなみに、この人の会社、三ヶ月後に倒産したそうです。

誠をかけて、世の中に尽している人達は、「言うより実行」の人が大半です。

5年ほど前のことですが、急に降りだした雪の高速道で、立ち往生をしていた車で大渋滞していた時です。

誰もが車の中で見ている時、後方から一人の紳士が出て来て、周りの人々を促し、手押しで車を道脇に寄せました。そのお陰で全体が動き出しました。

この一人の「勇気」で、みんなが力を出し合ったことの素晴らしさを、今さらのように思い出します。人一人の勇気、努力から生れる大きなエネルギーです。

角栄先生の言われる「努力」、私達も見習いましょう。

大きな大きな教えであり、社会奉仕に必要な大きなエネルギーです。

◆コンピューター付きブルドーザー

角栄先生は第64・65代内閣総理大臣をはじめ、郵政大臣（第12代）、大蔵大臣（第67・68・69代）、通商産業大臣（第33代）などを歴任し、実に30以上の議員立法を成立させるなど超人的な活躍をしてきた人です。

並み外れた実行力から「コンピューター付きブルドーザー」と呼ばれ、初等教育しか受けていないにもかかわらず、首相にまで上り詰めたことから「今太閤《いまたいこう》」とも称されました。

角栄先生は持って回った言い方をしない。いつも単刀直入。他人からの借り物ではなく、自らのたたき上げ人生から生れた言葉は、ひと言ひと言が説得力を持ち、人の心を打ちます。私も人生のさまざまな局面で、先生の残した言葉（名言・格言）に勇気づけられ、励まされてきました。

先生はたくさんの言葉を残していますが、その中からいくつか拾ってみました。

【田中角栄の名言】

❖世の中には、会って話をし、付き合えば、その人間がよくわかるのに、知らないまま食わず嫌い、毛嫌いしている場合が多い。互いに自戒すべきことだ。

❖人を叱るときはサシでやれ。褒《ほ》めるときは人前でやることだ。

❖世の中には、人のために働かないで、文句ばかり言う横着な人間が少なくない。こういうのはダメだ。使いものにならない。

❖念仏を百万遍唱えても実行、実現しなければ意味が無い。

❖食って、寝て、嫌なことは忘れることが一番。

❖功は焦らなくても良い。自分に実力がありさえすれば、運は必ず回って来る。

❖嫌なことは、その日のうちに忘れろ。自分でどうにもならんのにクヨクヨするのは阿呆だ。

❖バカになってでも周りへの目配り、気配りを忘れるな。他人の意見に耳を傾けてやれ。我を通すだけが能じゃない。

❖どんな境遇におかれて辛い思いをしても、天も地も人も恨《うら》まない。

❖約束したら、必ず果たせ。できない約束はするな。ヘビの生殺しはするな。

❖時間を守れん人間は、何をやってもダメだ。

❖借りた金は忘れるな。貸した金は忘れろ。

❖自分の物差しばかりでものを言っちゃいかん。

❖与えられた仕事に全力を尽すことが、新しい場面を開く結果になるものだ。

❖初めに結論を言え。理由は三つに限定しろ。

❖ウソはつくな。すぐばれる。気の利《き》いたことは云うな。後が続かなくなる。そして何より、自分の言葉でしゃべることだ。

❖分かったようなことを言うな。気の利いたことを言うな。そんなものは聞いている者は一発で見抜く。

❖借り物でない自分の言葉で、全力で話せ。そうすれば、初めて人が聞く耳を持ってくれる。

❖寝言を言ったり不満ばかり言っているやつは、人生終るまで不満を抱き続ける人間になるぞ。

33

逆境に挑め

チャーチル

人間、諦めたり、逃げたり、悲観したりしていては、
いくら時間があっても足りなくなる。
それよりも、その時出くわしたことに立ち向う勇気が大切である。

困難の中から光りを見つけ出すことは、
至難の技であることは承知の上だ。
いや、至難であればこそ、やり甲斐もあるというものだ。

だから、どんな場面にぶつかっても絶望してはいけない。

絶望することは、自分の発展と希望を捨てたことになる。

いかに辛いことであっても克服せよ。
逆境が恐ろしくて何が手に入る。
ここから這い出す力と勇気こそ、人間の持つ智恵と力だ。
私は、その力を強く信じている。

この好機を生かすことで名案にも出合うことができるし、
喜びを得るにも心が躍《おど》るのだ。
よって、人々に「絶望するようなことに出合っても、
その場から逃げてはならぬ」と教えてきた。
教えに従った者はみんな喜びの時を迎えたことは言うまでもない。

諸君も何に出合っても、諦め心は持たないでほしい。
泥沼に足を入れても、全力で走り続けるのだ。
必ず活路に出合うと伝えておく。

人生困難のない成功は、何一つ無いのだ。
苦しさの中での勇気こそ、真の勇者である。
人生は熾烈《しれつ》な戦いの場である。
幸運の女神のほほえみを堅く信じて、
最後まで諦め心は出すでない。
勝者の心だ。
人生 笑うも泣くも、自分の信念と勇気だと知ってくれ。

解説

逆境に挑め

チャーチル

人間の持つ勇気という力は、自分を信じることから生れ出てくると思います。信念と善意の心は平和の花を咲かせる肥《こや》しであると、チャーチルは胸を張って叫んでいるのです。

そこには「勝って奢らず」の心底がのぞいています。

険しい山道を登る時は、常より何倍もの用心が必要ですが、山を克服する素晴らしさも同時に得ることができます。

人生も同じです。

楽をしていては好事《こうじ》はやって来ません。

よしんばやって来ても、すぐに消える夢のようなものであると言っておきます。

巷で「あぶく銭」というのを聞くことがありますが、ころがり込んで来た大金とか、苦労せずして得た財とかがそれです。そういうものは、あっと言う間に無になってしまうのが落ちです。

困難や危険を知って得たものは、次々と膨らんでいっているのも現実です。よって、困難に背を向けたならば、それだけ宝を逃がしたことになると知ってほしい。

心の豊かな皆さんのことゆえ、チャーチルの、この大きな提案を生かしてくれると信じています。

◆第二次世界大戦を勝利に導いたイギリスの元首相

サー・ウィンストン・レナード・スペンサー＝チャーチル（１８７４～１９６５）はイギリスの政治家、陸軍軍人、作家。首相として第二次世界大戦を勝利に導き、現在も〝歴史上で、最も偉大なイギリス人〟と尊敬されています。在任中の１９５３年にはノーベル文学賞を受賞しています。

【チャーチルの名言】

❖凧が一番高く上がるのは、風に向っている時である。風に流されている時ではない。

❖決して屈するな。決して、決して、決して！

❖絶対にほしいと思えば、何でも手に入れられる。

❖やると決めて目的を持って行動すれば、なりたいものになれる。

❖成功とは、失敗を繰り返しても、熱意を失なわずにいられることを言う。

❖力や知性ではなく、地道な努力こそが能力を解き放つ鍵である。

あとがき

いかがでしたか。

いずれも私達の日常生活に必要な教えであったと思います。

それと、次元の向こうのことで、みなさんがもう一つ気になることはありませんか。

そうです。仏教などで言われる地獄・極楽のことです。

死後の世界に心が走ることが無いでしょうか。

大小の差こそあれ、きっと「死」というものを意識していると察します。

この次はその死後の「魂しいの旅」について、交信のできる限りお伝えしたいと思っております。ぜひ期待していてください。そして、心を休ませてあげてください。

岩崎照皇（いわさき・しょうおう）

昭和9年、香川県に生まれる。中央大学法学部出身。在学中から西日本放送のアナウンサーとして活躍。アナウンサー時代に突然の病に見舞われ、西日本放送を辞職後、日本全国放浪の旅に出る。その後さまざまな職業を経て、現在、国際的な環境保護団体である一般財団法人グリーンクロスジャパンの代表理事を務める。著書は、『大丈夫 心配するななんとかなる』、『おい 立ち止まるなよ』のほか、「上月わたる」のペンネームで、『気楽にいこうよ 自然のままに』、『雑草の如き道なりき』など多数。

命《いのち》の恋文《こいぶみ》
—— 魂《たま》しいの旅《たび》

2023年4月20日　第1刷発行

著　者　　岩崎照皇
発行人　　久保田貴幸

発行元　　株式会社 幻冬舎メディアコンサルティング
〒151-0051　東京都渋谷区千駄ヶ谷4-9-7
電話　03-5411-6440（編集）

発売元　　株式会社 幻冬舎
〒151-0051　東京都渋谷区千駄ヶ谷4-9-7
電話　03-5411-6222（営業）

印刷・製本　中央精版印刷株式会社
装　丁　田口美希
装画・扉題字　水野ぷりん

検印廃止

ISBN 978-4-344-94402-2 C0095
幻冬舎メディアコンサルティングＨＰ
https://www.gentosha-mc.com/

JASRAC 出 2300528-301